全新增訂版

眼球運動強化訓練、21天練習題！

每天5分鐘，徹底提升閱讀速度，任誰都能成為速讀達人。

眼腦直映快讀法

一個月讀 50 本書的關鍵技巧

大量閱讀，能讓你體驗千百種的人生，
把它帶入生活，將使你的未來變得更富有。

晨星出版

Contents 目次

第2部 進入速讀前的準備工作

Contents 目次

第3部 提升閱讀速度的方法

推薦序 Preface

學得速讀，即可與時間賽跑

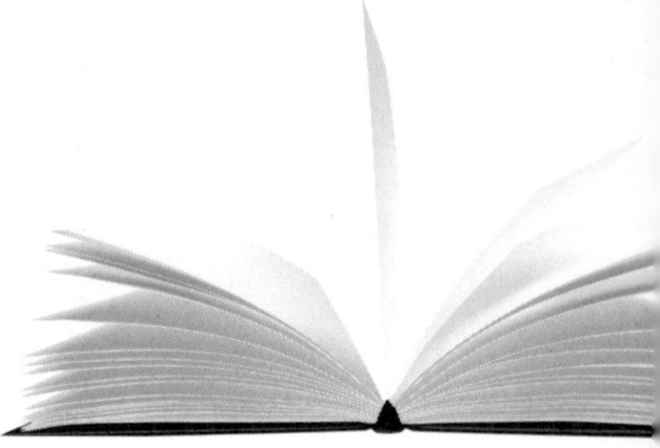

閱讀，是認識自己及世界的最好方式，能迅速掌握流動、更新的世界資訊，讓我們得以自省、思考，並陶冶內在修養。

許多人很好奇，我如何能在忙碌的專業領域中，同時維持閱讀的習慣？首先，釐清閱讀目的以及瞭解閱讀對自己的意義是相當重要的。它能充實自我，讓「心靈」不致因工作忙碌而枯竭，同時保有柔軟而關懷的心；它也能充實能力，讓自己不斷地與時俱進，並且在職場上擁有高度競爭力。

雖然閱讀是生活上所不可或缺，但在每天二十四小時裡，能閱讀的時間又非常有限，這不僅考驗個人時間管理與運用的智慧，而能否快速與準確地閱讀更是一大關鍵。

在《眼腦直映快讀法》中，作者引入英國的「全腦式速讀」概念，教導大家跳脫傳統速讀的窠臼，不再盲目追求速度及略知文章大意，而改以掌握重點、增進理解能力為主，對腳步快速的現代人來說相當經濟。

閱讀不能囫圇吞棗，必須先分辨關鍵字及重點。面對不同的材料，也需要不同的閱讀方式。且由於閱讀時能切中要義，並藉由快速閱讀提升專注力，使得吸收、理解、應用的效果更加事半功倍。若能在生活中充分利用速讀，就等同擁有與時間賽跑的能力。

《眼腦直映快讀法》並非單純、乏味的學理教導，而是觀察、分析人們閱讀行為後，實際給予引導、練習的作品。如果書中所列的不良閱讀，正巧是你的困擾，不妨試試本書所建議的方法，並善用書中的練習題，相信能精進你的閱讀能力，使自己獲得意想不到的絕佳效果！

李永然律師序於永然聯合法律事務所

推薦序 Preface

知識的基礎建立在閱讀上

早在十七世紀初，歐洲國家就已經開啟速讀研究。今日「速讀」這名詞人人皆不陌生，但一般人普遍的認知中，「速讀」僅是以短暫的時間瀏覽完大量文字，然而，實際上卻非如此。本書點出，速讀的功能不僅在於快速瀏覽，更在於「有效理解、吸收」。試想，平日厚如磚頭，可以砸死人的專業書，讀者只要經過速讀的訓練，不但能快速看完，更能抓出重點、全盤理解，迅速內化為自身的知識。這不僅是跨時代的革命，更貼切地呼應現今資訊爆炸社會之需要。

身為教學者兼研究者，需要不停增進自己的知識，以免被吞沒在轉瞬即變的學術海中。尤其面對知識半衰期的縮短，身為創造力議題的研究者，更需要趕在知識前端，不斷追求「創新、創意、速度」。因此，雖然至目前為止，還沒有一套確切具體的速讀理論或方法，但只要稍稍改變閱讀方法，不但閱讀速度能提升三至四倍，效率大大提升，更能做到快速且

有效理解，這樣的方法不僅是個人的福音，相信亦是許多忙碌的現代人尋尋覓覓之所求。

作者提出**「眼腦直映」的概念，認為速讀是由眼睛和大腦一起配合運用，也就是眼睛所見直接反映傳達至大腦**。如此，比起默讀、口讀，甚至是逐字閱讀，速讀的閱讀速度與資訊吸收程度更具效率與效能。本書並清楚說明各項準備工作，說明能輕鬆速讀的原因，指出不良的閱讀習慣對我們的影響，也列舉了許多國內外實例，讓我們瞭解《眼腦直映快讀法》的優勢與學習速讀對自身的好處。

與其他類似的工具書不同，本書除了詳加說明《眼腦直映快讀法》的概念與方法，更提供簡單又實用練習題庫，一方面訓練讀者的閱讀技能，另一方面也同時再度開發、活化並鍛鍊讀者的大腦。另外，書中還點出許多現代人閱讀上的通病，協助讀者自我檢視與改進。

「知識的基礎，必須建立在閱讀上」，讀書可以刺激大腦神經的發展。而且，如同英國作家卡萊爾所言：「書最大的影響力，就是可以刺激讀者自我思考」。多吸收書本上的知識，消極的功能是能避免犯下前人所犯過的錯誤；而積極的功能則是能站在前人的肩膀上，不斷地往前更進一步。

經由《眼腦直映快讀法》訓練，不但能防止大腦退化，更能提高個人工作效率與效能，促進自我反思，訓練個人批判性思考的能力。在現今知識爆炸的時代，大量搜索或取得資訊不再是首要之務，許多人煩惱的，反而是資訊太多不知該如何快速消化並擷取重要訊息加以整合、融會貫通成為自己的知識。本書不但訓練讀者讀得快、讀得多，更增強讀者的批判思考能力，增強個人認知能力，使其更具職場競爭力。

英國作家湯瑪斯說：「閱讀所獲得的最大快樂，就像透過一面鏡子，看到自己的心靈」。在閒暇之餘，閱讀能添增我們的生活情趣；在忙碌工作時，速讀則幫助我們快速、有效地理解並掌握來自四面八方的資訊。甚至因為速讀與全腦式學習，讓我們有更充裕的時間，培養其他的興趣及專長。在生活步調如此緊湊的現代社會生活中，習得《眼腦直映快讀法》，使我們不再抱怨沒有時間自我進修以培養第二專長或發展其他休閒技能。

《眼腦直映快讀法》使讀者經訓練之後，能大大鍛鍊、增強個人的記憶與吸收力，使我們能在短時間內快速融入多種學習項目，輕鬆從文字群中抓住要點，並提升學習、職場效率。在經濟動盪的時代，我們更需要習得此方法來增加閱讀量，藉此獲得更多資訊與知識，並理解轉化成為自己的思想與能力。

未來主義哲學家杜佛勒說：「未來社會中，文盲並非不識字的人，而是不能再學習的人」。「知識就是力量」，在知識也成為一種資本的現代社會中，我們需要不斷投資自己、修練自己，並藉由不斷地學習與閱讀，使個人得到啟發。生物學家達爾文也說過：「無論是多麼不重要的一件事，只要樂在其中，都會獲益無窮。」

速讀對大部分的人而言看似不重要，但隨著社會進步，我們更需要學習《眼腦直映快讀法》，在如此的閱讀方式之下，思考邏輯能力、思考速度與專注力都會顯著提升。「貧者因書而富，富者因書而貴」，閱讀不但增進了知識也豐富了我們的心靈、塑造我們的氣質，我們亦能將從書中習到的知識，實際運用在生活中，讓知識從字裡行間活起來。

「知識是一座寶庫，而實踐則是開啟寶庫的鑰匙」，以一個月為期，閱讀此書並實行附上的練習題之後，相信能改善每個人不同的不良閱讀習慣。學習與工作的效率也將因此提高，多出來的時間，可以陪陪家人、與老友相聚、參與戶外活動等，重新找回休閒生活與放鬆的時光。

有益的書籍就是能滿足讀者需求的書籍，本書向我們解釋「奇蹟」、展現「奇蹟」，教我們創造「奇蹟」，本人誠心向您推薦《眼腦直映快讀法》。

國立師範大學　工業教育系教授
吳明雄

推薦序 Preface

學習是一種思考的歷程

收到這本書稿時，一時之間我不知道該從何處著手，心裡也有些躊躇，雖然讀書對我而言是本分也是我所喜愛的事，但是一來我不是速讀專家，再則閱讀速度也一向不是我閱讀時所追求的目的。心裡想只好先看完書之後再來想想如何著墨了。

讀過這本書我發現其實我的閱讀速度也算蠻快的，內文中的許多方法也正是我習慣使用的閱讀技巧，這是一本教我們學習快速閱讀的工具書，作者以簡明的文字，陳述速讀的方法與技巧，易讀易懂。除了速讀的相關知識與方法外，特別是書中所提到的心智圖法、九宮格的曼陀羅思考法、6W法等也是許多學者專家所認同，簡明易懂的思考技巧。

學習本是一種思考的歷程，用好的思考方法來學習，效果自然是事半功倍。這是一個知識十倍速爆炸的時代，知識快速折舊，知識每天成長的速度已經出乎我們想像得快又多，如何有效率的學習新知識，讓知識升級，愈顯得重要。

「工欲善其事，必先利其器」，一項能夠相對快速記憶、理解和有效的方法是值得學習的。利用書中所提示的閱讀和速讀方法與策略，增加閱讀的速度並增加記憶與理解能力，是現代人提升競爭力的利器，誠如書中猶太人所言「把收入的1／10投資在會幫你賺錢的工具上，收入將增加十倍」。我稍做修正為「把學習的1／10投資在學習如何學習的方法上，知識收入將增加十倍」。現今已是終生學習的時代，整個社會從個人到組織都在強調學習的重要，花些時間來學習如何學習是值得的，我想這就是一本教我們有效率學習的書。

台灣師範大學特殊教育學系副教授
潘裕豐

推薦序 Preface

再忙也要享受閱讀！

資訊化的時代，充斥著各式各樣的訊息，新聞、雜誌、公文、開會簡報、會議紀錄、信件、廣告……應接不暇，分秒必爭，偶爾還想閱讀幾本好書、聆聽幾場演講。該如何妥善運用時間以及有效吸收資訊，彼此相互牽引。

一則有趣的寓言是這樣說的：大小蚯蚓閒著無事。小蚯蚓開口：「好無聊喔！」大蚯蚓說：「我們來打麻將吧！」「可是我們只有兩個耶！」「讓我想想，有了！」「我們從中間各切一刀，就有四個了啊！」小蚯蚓：「我知道了！」於是各拿起刀，大蚯蚓攔腰橫切，順利多了一隻，而小蚯蚓卻從頭部往下直切，結果一命嗚呼。

知道是一回事，做則是另一回事。知道閱讀的好處，不代表懂得掌握閱讀的重點。假如用錯方法，就會像故事中的蚯蚓，無法正確理解與轉化。

為了改善讀者囫圇吞棗，消化不良的閱讀病徵，讓讀者在面對龐大資訊時，能快速掌握重點、加強記憶，進而培養邏輯能力，作者引進英國的《眼腦直映快讀法》，融合多年所學與教授經驗，分享自己一個月讀五十本書的祕密。

誠如作者所言，學習就像是身體進補，如果體質虛弱，給予再多的補藥非但不能吸收反而會拉肚子。打通任督二脈，就能建立個人學習體質的良性循環：

吸收資訊→理解資訊→內化成知識→運用知識→創新成就

閱讀不僅是被動的資訊吸收，也是建立主動式表達的資料庫。《眼腦直映快讀法》以簡單明瞭的方式，引導大家如何在快速閱讀文章中也能精準地理解文章，透過每天五分鐘的練習，檢驗修正，循序漸進。

學習的3 ion——光是啟發（Inspiration）還不夠！持續行動（Action），漸入佳境，找回自信，並擁有熱情（Passion），你將發現，享受閱讀，是另一種的美好人生！

和泰興業　大金空調董事長

蘇一仲

序 Preface

一個月讀50本書的祕密

二十世紀風行數十年的腦科學研究認為，大腦只能發育一次，腦神經元死了就不能再生，直到最近幾年才被證明是錯誤的理論。

從二十一世紀開始，愈來愈多的科學家*承認並研究證明，**大腦神經元跟神經突觸都能再生**，大腦中各項功能的位置隨時隨地都在改變。**重複刺激大腦可以加強與改善大腦原本不足的功能**。

閱讀是最方便、最快速進入知識的方式之一，同時也是增進大腦思考功能的最佳方式。書本是精神食糧，閱讀讓我們得以進入想像、哲學、意念和歡樂的殿堂，增加我們的內在知識及文化涵養。

大量閱讀的人，由於輸入大腦的訊息比一般人來得多，所以大腦能輸出的思考結果也比一般人來得多且深入廣泛，其思考聯想能力經過充分地訓練，遇到事情自然能快速反應，而

在言語之間展現出豐富的內涵與自信。

現代生活忙碌，凡事都要求快又有效，快速思考力是立足不敗之地的必然要求。快速且大量的閱讀是增進快速思考力的最佳方式。

快速的閱讀可以培養專注力。**快速閱讀要在非常專注的情況下，才能同時瞭解閱讀內容，反之而言如此就能訓練閱讀、速讀和專注的能力**。專注力的培養也和個人的競爭力有密切的關係。東吳大學心理系教授朱錦鳳強調「專注力決定未來能力」，並建議透過後天的培養與訓練來增強。

學習速讀沒有年齡限制，我是在工作之後才學習速讀，現在一個月看五十本以上的書已經不是天方夜譚。經由速讀訓練，改變原有的閱讀習慣，即能激發出閱讀潛能。速讀的閱讀方式改變傳統逐字閱讀及默讀的習慣，要求多字或以行或面的方式閱讀，這樣的閱讀方式，不僅速度快，並且注意力更容易集中，同時也能大幅提高理解力。

眼腦直映快讀法能改進傳統速讀法缺點，本書練習內容不需購買訓練機器，就能讓你在快速的閱讀後掌握內容大意，同時也能掌握全部文章的重點，並且理解重點之間的邏輯關係，真正做到「一目十行」＋「完全理解」。根據統計，受過完整訓練後，個人閱讀速度提升5至10倍以上，對文章的理解也達到85％以上。

＊英國神經解剖學家T.Gtaham Brown、Charles Sherrington，加拿大心理學家Donald Hebb，美國Fernando Nottebohm，美國William Greenough。

序 Preface

高效率的學習，是怎麼做到一輩子帶著走的能力？

很多人問我，不管學甚麼東西，怎樣才能學得又好、學得又快？

我常年教授來自印度佛教的曼陀羅思考法與英國東尼．布贊所發表的Mind Mapping，它包含了幾個項目：記憶術（Memory Technique）、Mind Map、全腦式速讀（Speed Reading）＊。這些方法是根基於大腦神經學的研究而產生，是結合邏輯、創意、圖像化的思考方法。由於中西方文化上的差異，引進英國的這套方法，必須做某些調整以適合更多台灣人的需要，因此我也編纂了許多不同的教材與教案，包括現在這一本書，這都是學生催促著我不斷地前進，才有這樣的成果。

不同的學習能力問題可能都有相同的學習行為，例如A、B學生都有中文成績不佳的問題，A學生的問題出在專注力不佳，B學生則是不懂得怎樣抓取重點。於是我在《超強學習力訓練法》一書中＊＊，第一次提出**競爭力＝學習力＝觀察力＋聯想力＋想像力＋邏輯力＋**

專注力＋創造力（創意）。其中行動力雖不在大腦能力之中，但**行動力卻是實現大腦能力的要素**。二〇〇六年底時我很高興受到某教育公司老闆賞識，將該公司的學習力訓練教材交由我編著，並將這樣的想法融入該機構的宣傳標語之中。

現在我的想法做了一些調整，我認為，**只要是比別人還要好的能力就是個人競爭力的所在**。由於Mind Mapping中強調關鍵詞（keyword）帶給大腦思維的影響力，於是下方我會用「圖像式筆記」一詞來取代「Mind Map」這項技法。***見第21頁下方圖式

要投資多少在自己的學習上，才能幫助自己成為富人呢？

猶太人說：「把收入的1／10投資在會幫你賺錢的工具上」，《年收入增加十倍的學習法》作者勝間和代也有異曲同工之妙的說法：「把收入的1／10投資在學習上。」

* Mind Mapping在台灣多數翻譯為心智圖法，Mind Map在台灣多翻為「心智圖」（大陸、香港多翻為「思維導圖」）。

** 《超強學習力訓練法》，晨星出版，2006。說明提升學習能力需要的五種腦力，並列出各種可以自行訓練的技巧。

*** 圖像式筆記的呈現，可以有許多的方式，例如系統圖、概念圖、魚骨圖、組織圖、Mind Map®等等，只要是以圖形的方式來呈現自我腦中的思考概念，都可以歸類於圖像式筆記。另外曼陀羅思考法結合圖像思考做運用，也可以視為一種圖像式筆記。

但是投資自己變成一座知識的倉庫，並不會變成富人！作者勝間和代有句話說得很棒：「分清楚到底是為了基礎技能而學？還是為了學識而學？」因為把知識放進倉庫中，是不會像蚯蚓一樣，分裂變成兩個知識。

如果你是把自己變成一棵有生命的大樹，灌溉知識就能長出許多不一樣的知識果子。學習方法就是一棵知識樹，協助你長出更多的知識。種的知識樹愈多，長的知識果子就愈多，你學會的方法愈多，能長的知識量也愈多，不僅會長出好的知識果子，也能引來意外的小鳥來播種、蜜蜂來製造蜂蜜，無形中幫助你創造出許多發展的機會。

人類常常低估自己未來五年後的結果，卻常常高估未來一年內的結果，於是常常全力起跑卻半途而廢，人生不是一百公尺短跑賽，而是一場馬拉松競賽，不能用一個階段的成就，來斷言未來的發展。命理學界說：「相不單論」，是說不能光靠面相就判定個人吉凶命運，還必須搭配手相、體相、命盤等工具，論斷才不會流於片面。同理可證，**懂得愈多的學習方法，愈能全面啟發大腦能力**，各種學習方法都是可以被混合運用的技法。我常在課堂上鼓勵學生多嘗試各種不同的思考工具，整合出自己的獨家配方。

沒有一份工作或人生是不會遇到挫折。我在二〇〇八年創造力教育國際學術研討會上，認識台北縣鷺江國中前校長秦秀蘭，她不吝與我分享她的銀髮族教學經驗時，她表示，在創意探索的過程中所帶給這些銀髮族最棒的心靈改變，是不再以負面的眼光來看待所面臨的

▍競爭力與各項大腦能力的關係圖

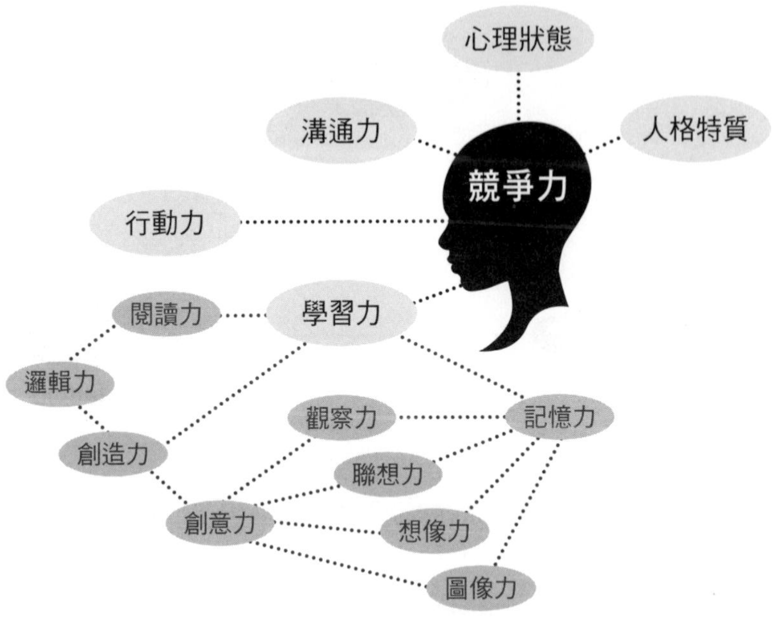

▍貫穿 Mind Mapping 心智圖法的主要觀念在「keyword」關鍵詞／重點

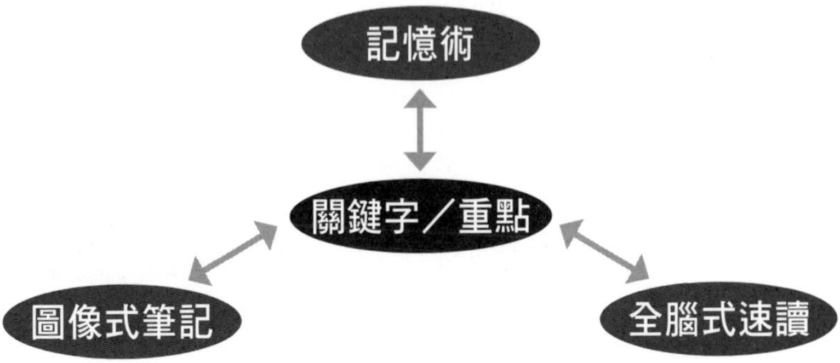

Mind Mapping 心智圖法三大技法在知識吸收過程中的關係

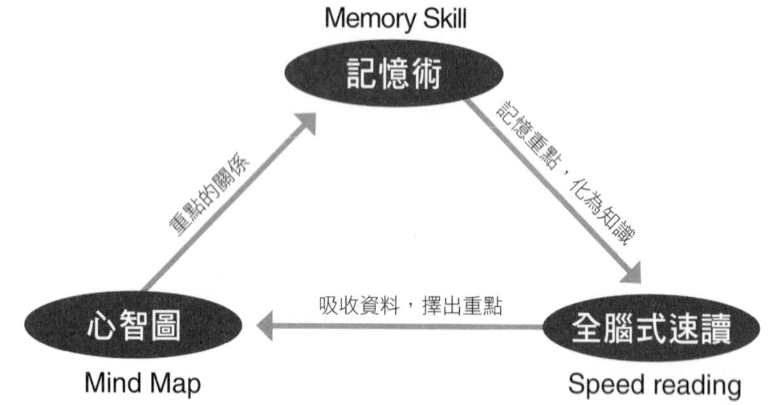

Mind Mapping 三大技法在創造性問題解決過程中的關係

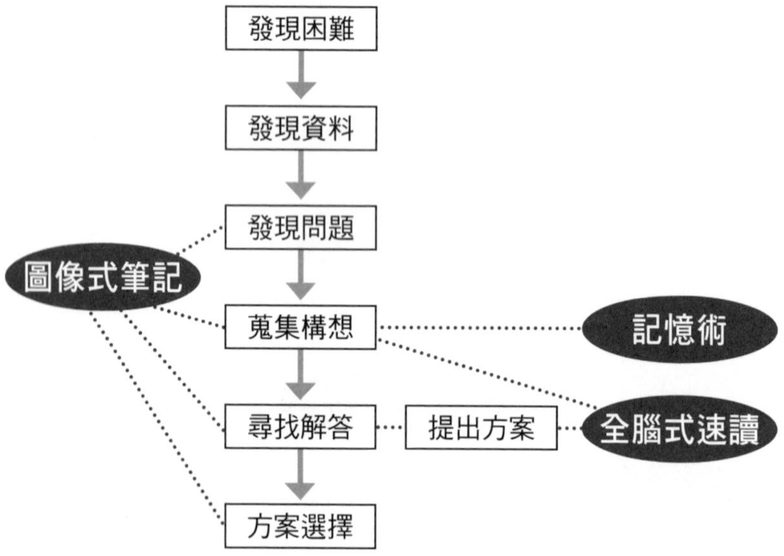

人、事、物，能自然地轉換成正向思考的生活態度。

台北教育大學國民教育系助理教授林偉文在分享「創意教師的逆境、轉化與創造」的研究結論時，也有類似的答案，他指出具備創意、創造力的老師，面對逆境時仍具備強烈的內在動機與熱情。我想用以上兩位老師的研究來幫我說明，為什麼我會一頭栽入全腦、全智能的教學領域之中不可自拔。

這些年的工作經驗，讓我能交到許多真誠、知心的好友，除了教學工作上的夥伴之外，今天這本書的出版，我要感謝吳郁茹、周麗華這兩位能隨時兩肋插刀的好朋友；晨星出版社的莊雅琦小姐，也給我很多的支持與指導；可以忍受我的急躁個性的家人；帶給我教學相長的學生。有這些人的幫助，我才能順利的將抽象的教學轉換成具體文字，讓更多人能接觸到這種不可思議的學習方法，成為能一輩子帶著走的能力。

第 1 部

改變一生的速讀術

懂得掌握速讀的人，在增進閱讀速度的同時，
更能夠集中精神，掌握要點，以輕鬆的態度面
對壓力，有效提升個人競爭力！

01 速讀的優勢

一 速讀對上班族的好處

1 有充足的時間與機會培養多種專長

多數的工作與學習，都是透過閱讀網頁、雜誌、電子郵件、書籍、報告、公文、社群網站、工作簡報……等方式來進行。「速讀」能幫助你解決時間不夠用的問題。

原本看完十封約一萬字的電子郵件需要二十分鐘，將能加速到三分鐘。看完一份報紙則從一小時加速到十分鐘。在結束忙碌的一天時，就能閱讀完一本書籍或是雜誌。

2 擁有充裕的時間，在家庭生活中不缺席

台灣現在的離婚率全世界第二高，中高齡離婚的比率也升高了，超時工作讓許多家庭名存實亡。說來相當諷刺，當初想讓家人過得更好，所以超時工作、假日進修，現在卻因此讓

家人的生活品質下降，造成家庭問題，進而引發社會問題。

學會速讀後，就能在工作及學習上空出相當多的時間，早點完成工作，回家陪陪家人。而且有更多的閒暇時間可以從事休閒娛樂，別人也會羨慕你的生活。

3 加速思考的速度，效率大增

有些人特地去聽了演講，聽完後卻「不知所云」，或是只是單純地感覺很好，細問「好在哪裡？」卻說不出來，這樣就是浪費時間了。閱讀就像聽演講、講電話一樣，要能掌握對方的談話重點，才是重要的事情。

速讀可以提高一個人的能力，磨練一個人的個性，啟發一個人的智慧，對一個人一生影響很大。

4 提升職場競爭力

頭腦好的人是哪些人呢？是指考試成績好的人嗎？二〇一五年數位時代報導蔡富名十四歲時，已經是3D列印機賣家和顧問，但是在學校的成績屬於中後段。對於已經有小小事業的他來說，「我知道我要的是什麼？成績好真的證明你學會了什麼嗎？能夠教你的就是老師。」

社會上最需要的人才是充滿活力、富有創造性、人格健全以及擁有專業知識的人。若是一個人的理解力不好，在與人互動的過程中將是一件吃虧的事。

懂得掌握速讀的人，能夠集中精神、掌握要點，以輕鬆的心情面對壓力。擔任資深總監的朋友，常被問到如何選用人才，他的回答是：「首先看走路快不快，再來看吃飯快不快。」因為他們的動作快，富有衝勁，吸收速度快，不易造成公司的損失。

二 速讀對學生的好處

1 理解力好

美國十二歲的大學生羅傑，畢業後又陸續取得美國史丹佛大學碩士及博士學位，羅傑的父親羅榮雄說：「看書是羅傑的嗜好，透過有系統的閱讀訓練，他的閱讀速度很快，記憶力也特別好，小學時便將圖書館中的每一本書都看過。」

大腦的高速運作特點在於進行綜合概括的速度比分析速度快，閱讀速度愈快，愈有利大腦綜合概括、提取資訊。大腦的短期記憶能力，一次能記憶七個組塊的內容，閱讀速度愈快，愈能將各部分暫存記憶匯整起來變得容易理解。

2 學習速度加快

讀書除了知道字形之外，還要能掌握字義。有人拚命的讀書，卻無法掌握其中要點。快速閱讀有助於我們從大量資訊中迅速選擇重要的資訊，鎖定關注的焦點，忽略大量的垃圾資訊。掌握《眼腦直映快讀法》的技巧後，就能加快閱讀速度，同時理解字裡行間所蘊含的意義，將看過的內容記憶下來。

3 懂得抓重點、吸收記憶力增強

讀書不得要領的人，不管閱讀什麼樣的書籍都是用同樣的速度，領悟力也比較差。學習《眼腦直映快讀法》之後，能提升大腦的思考速度與記憶能力，在看過、聽過之後，馬上在腦中整理出重點，重要訊息不再遺漏。

三 享受閱讀的好處

1 知識豐富

閱讀能力的精進過程，不像上樓梯，可以三步併做兩步跳躍前進，而是像田徑賽中的障礙賽，看似平地的路上有著一道道障礙需要躍過，當一道障礙沒有躍過，就會停留在原地。

俗話說書是精神食糧，閱讀讓我們從文字中進入想像、哲學、意念及歡樂的殿堂，增加我們的內在知識及文化涵養。成功沒有捷徑，一個人擁有愈多的知識，人生就擁有愈多的樂趣。古人云：「讀萬卷書，不如行萬里路。」在現在的社會中行萬里路不是難事，而讀萬卷書不僅在時間、金錢上都比行萬里路來得有優勢。而如果能在行動之前，先讀萬卷書做足準備，再一一實地印證書中內容，相信對人生經歷的累積有更深一層的領悟。

2 增加生活情趣、掌握世界資訊

世界遼闊不見得能一一親自到訪，但從閱讀中藉由文學中的元素，如情節、哲理、主題、人物、氣氛、場景、意象、語言的使用等，以及他人的經驗來拓展自己的生活經驗，不僅能大開眼界，更能享受不同生活的樂趣。

3 看書愈多、速讀愈快

閱讀必須領略文字的表達技巧與意涵，愈瞭解這些文字元素，就愈能增加自己的閱讀速度與領悟力。所以**多閱讀，不僅可以增廣見聞，對速讀的技巧也會愈熟練**。

4 專注力提升

快速的閱讀可以培養專注力，因為一定要在非常專注的情況下，才能在快速閱讀中同時瞭解閱讀內容，如此就能增進閱讀、速讀和專注的能力。專注力的培養也和個人的競爭力有密切的關係。東吳大學心理系教授朱錦鳳便強調「專注力決定未來能力」，並建議可透過後天的培養與訓練來增強注意力。

02 現代人閱讀的困擾

- 希望在有限時間內，閱覽更多的書籍、文件。
- 工作的資料和公文報表堆積如山，但總是找不到時間看。
- 感歎沒有時間翻閱有趣的書報雜誌、閱讀文學、背英語單字、看雜誌小說、收發電子郵件、閱讀網路新聞以瞭解國內外大事。
- 看書很辛苦、很慢、不能專心。
- 看書時腦袋一片空白、讀到一半就完全不想再讀下去。
- 看書時容易打呵欠、想睡、神遊。

一 看過就忘、不容易專心

在學習的過程中我們會發現注意力高度集中時，身體就會產生一些情形，像是腦筋突然動得快，變得特別靈光、新陳代謝會提升、精神呈現興奮的狀態，眼睛自然炯炯有神。而缺乏專注力的學習，不僅會讓身體看起來委靡不振，連眼睛所看到的內容，也如船過水無痕般無法刻印在腦中，連文章大意都無法記住。

不過，對專心感到困難的人並不表示他在閱讀或學習時不夠專心，只不過是專心的時間不夠長，或是該專心的時候不能專心，或在被他人打斷之後就無法再專心。以上種種，其實都是有方法可以改進的，**只要改變閱讀行為就能增進我們的專注力**。

二　沒時間進修、要閱讀的資料太多

台灣半導體之父張忠謀曾說：「畢業五年後，學校所學的知識就用不上了。」當我詢問許多人學習速讀的動機時，除了單純地「想要提高閱讀速度」外，大部分的人都是「為了工作」、「為了收集資訊」、「為了取得更多的知識」等。

事實上，愈工作愈覺得自己不足的現象，在全球化競爭的社會中比比皆是。「過勞死」一詞曾讓擔負家中經濟支柱的人們恐懼不已。擁有代表能力的「證照」愈多愈好，但是時間就只有24小時呀！怎麼辦呢？

三 抓不到重點

聽過別人的話之後，能夠完全瞭解重點的人，可以說是理解力好的人，同時也能站在對方的立場，瞭解他人的意圖想法。這種人在讀書時，當然就能迅速正確地掌握內容的要點。相反地，生活中那種跟他說了老半天卻還是會錯意的人，或無法理解也大有人在。而我們這本書的目的，重點除了能使你藉由**全腦式速讀訓練，提高閱讀速度外，也能同時提高你的理解能力**。

閱讀的惡性循環與良性循環

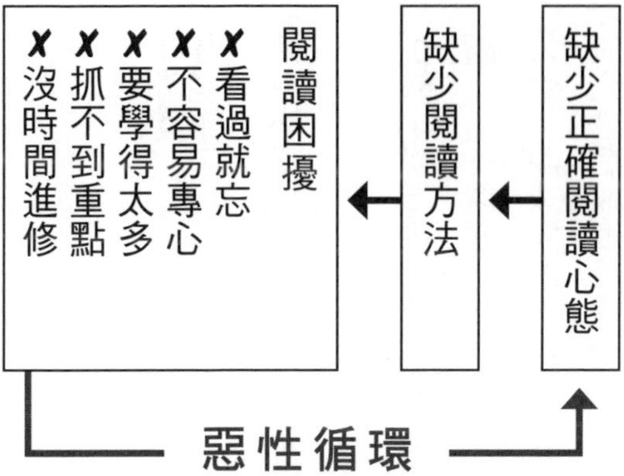

看書愈慢，愈怕閱讀，愈不愛看書

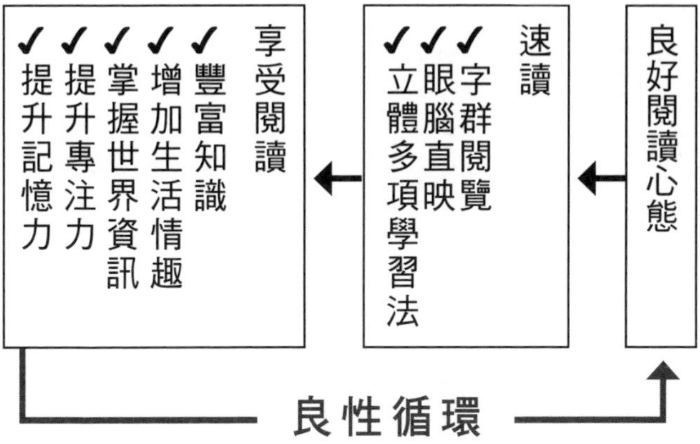

看書愈多，速讀愈快，愈愛看書

03 不良的閱讀習慣

一 口讀、默讀

幼稚園的時候，老師為了教我們認字，並且能夠正確地發音，因此要求我們將教材上的句子，一個字一個字從頭到尾，慢慢地大聲讀出聲音，這就是「口讀」。

到了約小學三年級時，老師開始要我們看書的時候不要念出聲音，在心裡念就好，這即是「心讀」、「默讀」。

不管是口讀或默讀，都是眼睛看到文字然後發出字音，再透過「聲音」將訊息傳達到大腦。一般人講話速度最快約每分鐘240字，說話速度讓我們閱讀速度降到每分鐘500字以下。

二 逐字閱讀

從幼稚園開始老師就教我們念課文，一個字一個字地讀下去，不可以跳字或是跳行。這樣的閱讀方式持續到國中、高中。有些老師還喜歡叫同學一人念一段課文。在無形中養成閱讀就是要從頭開始的習慣。

剛開始在學習認字、語法的過程中，一個字一個字念是必要的，但是在學習完成之後，就該捨棄這樣的閱讀方式。事實上，這樣的閱讀方式，不僅速度慢，也難以在閱讀的同時，在腦中留下完整的印象。

不信的話，請試著一個字一個字地閱讀以下文字：

閱讀中如果見樹不見林，就容易失去焦點，掌握不住精髓。因為閱讀是在閱讀「意思」，而不是閱讀「字」。

是不是發現，上面這段文字變得難以理解了。

三 分心、停頓

多數人閱讀時，為了能夠好好思索文章的內容，會在閱讀的過程中停下來思考，以為這樣能更加了理解文意，實際上這是不必要的。就像棋手剛開始學下棋，每下一步都會思考許久，但最後仍然輸了。但專業的棋手下每一步棋的思考速度就快多了，而且贏棋機會不變。因此閱讀時停下來想一想是不必要的習慣。

讀讀停停，不僅打亂閱讀節奏，降低閱讀速度，也打亂腦中思緒，讓大腦無法完整處理閱讀的內容，反而降低理解程度。所以**遇到不熟悉的生字時不要停下來，繼續維持高速閱讀，最後你會發現原本不懂的地方竟迎刃而解了**。

至於分心，當然就是專注力的問題。造成專注力不足的原因有生字太多、內容艱深、閱讀速度太慢、精神不濟、周遭環境不佳、缺乏閱讀的動機及沒有興趣等。

腦細胞有$10^{12\text{-}14}$個，讀者文摘曾提過大腦的計算速度每秒大約1000次。如果進入大腦的資訊速度太慢，大腦在運作時就會出現許多空檔，為了填補這些空檔，大腦自然就分心思索別的事。所以提升閱讀的速度反而是克服不專心的最佳方法。

每個人在閱讀30至40分鐘後，就會開始心不在焉，這是因為大腦該休息一下了，這時的分心是提醒我們不應該再強迫大腦工作。闔上書，做點不用動腦筋的事，像是喝點水、走動一下，這時也是讓大腦活化，處理剛剛閱讀的資訊的時候。要注意的是，休息5到10分鐘後，就應該再回到工作上，避免降低再次閱讀的興趣與效率，也好讓大腦繼續銜接剛剛閱讀的內容。

四 重讀一遍

由於剛剛的分心停頓、見樹不見林，或是閱讀過程中抓不到重點，使得進入大腦的資訊片段不連續，於是大腦無法將資訊整合起來，而不得不將剛剛的簡短內容再讀一次。

有時是因為我們對自己缺乏信心，覺得應該再讀一次才能真正瞭解內容，但這是非必要的習慣。

如果使用視覺導引工具，就能減少重複閱讀的次數。要解決重讀的問題，除了強迫自己不可以再回頭讀一次外，也應該加快閱讀速度，保持眼球移動的速率，讓重讀變得困難，讀完後你會發現理解率反而更加提高。

克服不良閱讀習慣的方法

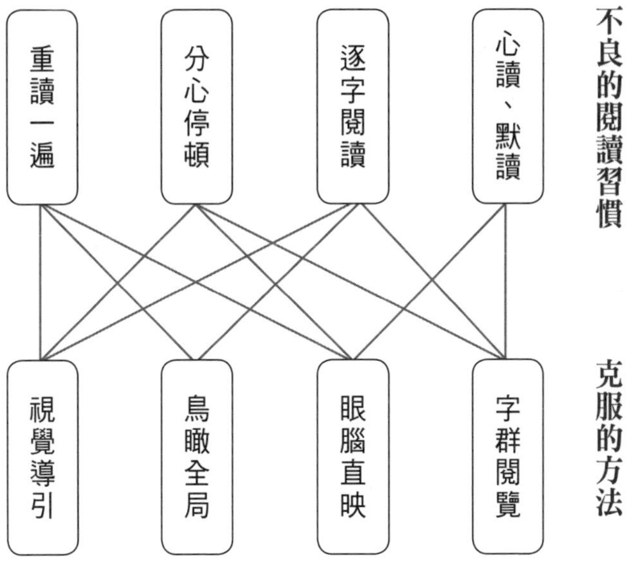

第 2 部

進入速讀前的準備工作

開始學習速讀之前，必須知道自己的閱讀速率與理解率，才能夠針對弱點加以改善，並且善用各種方法，幫助提升閱讀速度。

04 速讀者的準備工作

一 心態動機

成功者的共通點在於集中精神和掌握要領，能夠無視繁重工作，以輕鬆的心情從事分內工作，這都該歸功於理解力強（聽過別人的話後，能夠完全瞭解重點，也就是能站在對方的立場，知道對方意圖想法）。這種人讀書時，當然也能正確掌握內容要點。

領悟力強的人，擅長利用五官來領悟事物，視覺是最重要的工具，**閱讀時不要刻意使用大腦去理解每一句話，只要放輕鬆用眼睛去看，提升眼睛的移動速度，自然能發揮理解能力。**

本書的目的，就是在使讀者藉由速讀訓練提升閱讀速度的同時，也能提高理解力。速讀是我們學習閱讀、提升自我能力的工具。開始學習速讀前，必須知道自己的閱讀速率、理解率，這可以藉由本書的學前測驗來得知。

閱讀之前，心中也要清楚自己的閱讀目的；為甚麼要讀這本書？是希望從這本書獲得什

麼？還是只是打發時間呢？

二 情緒的準備——放鬆、集中注意力

636集中法是好友阮如玲在學習催眠術後教我的放鬆方法，後來我稍微將它改良一下，實際運用在教學上讓它更符合閱讀時使用，步驟如下：

❶ **放鬆身體採坐姿：**先站立好，雙手插腰，腰部扭一扭，然後用最舒服的姿勢坐在椅子上，閉上雙眼，雙手自然放在大腿上，脖子轉一轉，肩膀動一動。

❷ **吸氣六秒：**用鼻子吸氣，同時在心中讀秒，慢慢地數一、二、三、四、五、六。如果還沒數到六秒時，就已經喘不過氣的人，表示平時的呼吸太短，比較急促。如果你只能讀到四秒，那就先以四秒做為標準。之後再慢慢增加秒數。

❸ **憋氣三秒：**憋住呼吸，然後在心中讀秒，一樣慢慢地數一、二、三。

❹ **吐氣六秒：**鼻子吐氣，同樣在心中讀秒，慢慢地數一、二、三、四、五、六。如果你只能讀到四秒氣就吐光了，那就先以四秒做自己的標準。

❺ 重複步驟❷～❹。這樣完成呼吸一個循環，就算一次。

❻ 一共做三次，就可以張開眼睛。

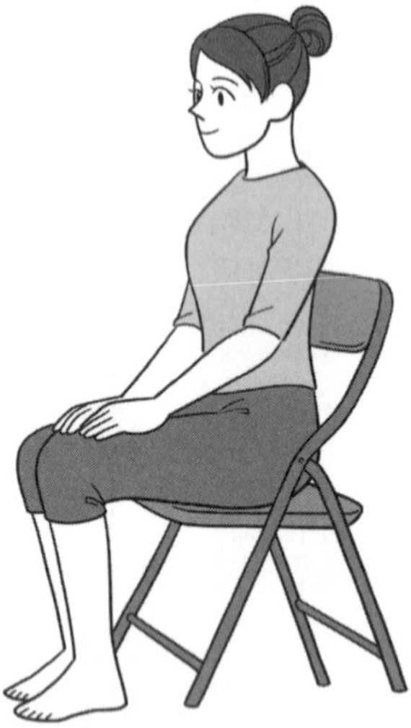

示範圖01

臀與膝蓋處皆成90度，背部要靠椅背，肩膀放鬆往下，手放大腿上，眼睛要閉起來。

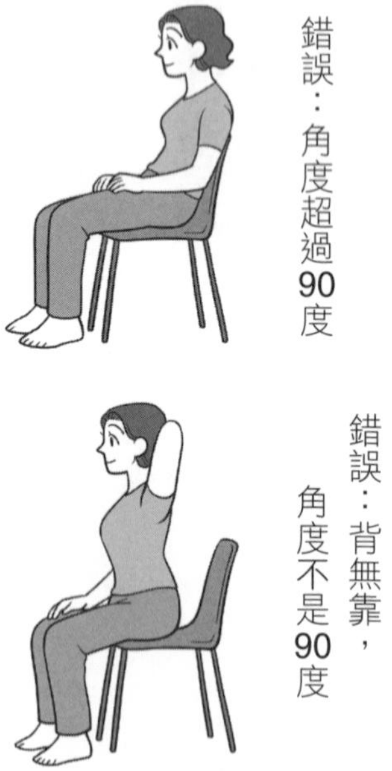

示範圖02

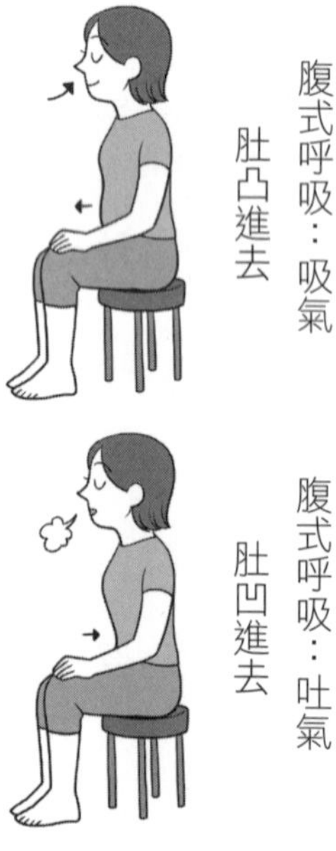

示範圖03

636集中法，能讓我們的心神安定下來，進入適合閱讀的狀態。

當不知為何就是覺得心煩意亂時，也可以用數數字來放鬆並集中精神；首先開始想數字一。當你感覺到精神恍惚，慢慢地開始想數字二。每當精神恍惚時，便集中想下一個數字。持續30分鐘，你便能進入深層的放鬆狀態，這能讓你擺脫許多造成你工作分心的心理因素。

三 80／20法則

80／20法則*是違反常識的。不論是在自然界、商業界、在社會以及生活裡，原因與結果、投入與產出、或努力與報酬之間的關係，往往是不平衡的；占多數的，只能造成少許影響；而占少數的，卻能造成主要及重大的影響。

這樣的現象也出現在文章中；**真正主要表達關鍵概念的文字僅占20％，另外80％的文字都只是用來輔助說明**。所以閱讀時不必花相同的時間在每個字上，**應該把80％的時間用在閱讀20％的重點文字**。

＊80／20法則是由義大利學者帕列托（Vilfredo Pareto）所提出。

四 對速讀的錯誤認識

錯誤1 速讀就是每分鐘閱讀幾萬字以上

沒有經過任何訓練，速度慢的人每分鐘大約可以閱讀250字，快的人大約每分鐘可閱讀750字，經過六小時的速讀訓練後，平均每分鐘閱讀速度可以進步2.5倍，每分鐘大約800至1800字。目前速讀世界紀錄保持人英國的哈渥德·貝格的正式紀錄是每分鐘25000字，只要看一眼就能記下95%的內容。

許多人以為要像速讀比賽者一樣，每分鐘能閱讀幾萬字才算是學好速讀。這是個相當有趣的心態；學習游泳是為了要健身、擁有求生技能，幾乎沒有人一開始就是為了要得到游泳冠軍，才去學游泳。但是學習速讀時，卻一味地將閱讀速度當成目標，卻忘了得到更好的閱讀品質才是目的。

從十七世紀起，德國和法國就開始研究速讀方法，但今天為止仍沒有具體的定義，更沒有確立其方法和理論。但**改變閱讀方法後，只要閱讀的速度能提升三至四倍，就可以算是速讀方法。**

錯誤2　每次都要用最快的速度來閱讀

不同的閱讀題材，會有不同的閱讀形式與速度，但每一種閱讀形式，都能經過訓練而加快速度。**真正的速讀高手是能配合閱讀的目的、不同的內容，自由地調配閱讀速度；看一本書能夠依照內容難易度，加快或放慢速度，這才是最重要的。**

剛開始學習速讀時，千萬不要好高騖遠將目標訂得過高，應該先從每分鐘一千字開始，等達成目標並且穩定之後，再以每次增加一千字為下一階段的目標。

錯誤3　速讀時，書中的每一個字都要看才行

也**有些人誤以為閱讀就必須看到每一個字**，從80／20法則中可以瞭解，一篇文章通常會有許多不必要的文字，**這些不必要的文字不值得我們花時間去閱讀。懂得篩選出重要關鍵字加以吸收，這才是速讀的方法與精神。**

訂定理解率的目標時，也不應該一開始就以「過目不忘」為目標。應該先瞭解自己平時的理解率，以下一階段的理解率為目標，達成目標後，再以增加5%的理解率為下一階段目標。

五 學前測驗

以下表格是別人的閱讀情況，你的情況又是如何呢？學習是跟自己比較的，準備好開始進行學前測驗，就請翻到下一頁。

以下文章，請依照平時速度來閱讀，用任何方式都可以，要多看幾遍也可以，記得記錄全部的閱讀時間。覺得自己已經完全將文章看完後，請開始填寫測驗卷，填寫時間不計時。

學習《眼腦直映快讀法》後的進步情形

依照訓練前的 閱讀速度做分組	學習眼腦直映快讀法 六小時後	平均進步幅度
閱讀字數／每分鐘	閱讀字數／每分鐘	內容理解率
200～500字	273%↑（546～1365字）	138%↑
501～700字	244%↑（1222～1708字）	154%↑
701～999字	232%↑（1624～2318字）	149%↑

學前測驗

一　台灣古蹟1685字

二沙灣砲臺是位於現在基隆市中正路大沙灣民族英雄墓的對面山上。這是一座清代中英鴉片戰爭爆發的時候，為了防範英軍進犯雞籠（今基隆），於清道光二十年（西元一八四〇年），由中國人設計安裝的砲臺，對於台灣的海防貢獻極大。

清光緒十年（西元一八八四年）中法戰爭時，砲臺擊斃法軍百餘人。法軍攻佔雞籠，二沙灣砲臺守軍曾殲滅法軍甚多。現今二沙灣砲臺的城門、城牆仍留存，我們可從這座砲臺看到中國人曾經有過的光榮紀錄。

淡水紅毛城，原名叫聖多明哥，是西班牙人在明崇禎二年（西元一六二九年）所建，後來荷蘭人驅逐西班牙人，紅毛城就落入荷蘭人手中，由於當時國人稱荷蘭人為紅毛，而稱之為紅毛城。

明永曆年間，鄭經趕走了荷蘭人，清康熙二十二年（西元一六八三年），台灣劃入清之版圖，清朝曾派軍駐守紅毛城。雍正二年（西元一七二四年），淡水廳同知王汧（ㄑㄧㄢ）加以整修，清咸豐十年（西元一八六〇年），淡水闢為對外通商口岸。後來英國人把領事館設於紅毛城，直到民國六十九年我國才正式收回。

今之紅毛城為英國領事館所重建之西武城堡式建築，以及領事館邸，唯一國人建的建物只剩下南門，整座紅毛城俯山臨水，四邊林蔭掩蔽，庭前綠草如茵，俯瞰淡江帆影，遠眺觀音夕照，景觀極為優美，是一處既可緬懷古蹟，又適於觀光旅遊的極佳處所。

安平古堡早年與赤崁樓隔著內海台江遙遙相對，位於台南市安平區國勝路二十八號，是台灣最古老的城堡殘跡。古堡建於明天啟四年（西元一六二四年），原名熱蘭遮城，和赤崁樓一樣都是荷蘭人所建造的，但是比赤崁樓早了三十年。

赤崁樓是政廳，古堡則是荷蘭總督的駐在地，是發號施令的軍事中樞。鄭成功驅逐荷蘭人後，遷入城堡內居住，所以至今當地人士仍稱安平古堡為「王城」。

清康熙二十二年（西元一六八三年），將台灣納入版圖，政治中心移到現在的台南市區，本城改為軍裝局。同治十年（西元一八七一），英國軍艦砲轟城堡，軍火庫中彈爆炸，城堡被毀，之後滿清未加修繕，逐漸斜塌。清光緒元年（西元一八七五），沈葆楨搬已傾毀的熱蘭遮城磚石建造億載金城，安平古堡，今之城堡是日據時日人所仿造者。古堡台基所用的大磚，仍然是荷蘭人當時自爪哇殖民地運來的。

億載金城設在台南市安平區的金城里，清光緒元年（西元一八七五年）為防日人，派福建船政大臣沈葆楨來台，為鞏固安平海防，奏請清廷批准，請了法國工程師來設計建築的大砲臺。

這座城佔地大約一平方公里，是多角形，城牆高一丈，厚兩丈，城基以犬牙狀護基，深入周圍護城河中，護城河寬十尺，水深可以沒頂，整座大砲臺僅向東南開了一座城門，設計十分堅固。城表門額嵌有石匾，上書「億載金城」，城內門額石匾上書「萬流砥柱」，都是沈葆楨的親筆。紅磚綠樹映在水面，非常美觀。

城上原來安裝了五座大砲、四座小砲，在日據時已將大砲拆除標售，現今留存的大砲是光復後仿製的，但是城牆仍在，現在已經開闢為公園，遊客該處遊憩之餘，也可以體會出先人們當年的功績。

劉永福部將柯壬貴於日軍侵入台南時候據此城孤軍奮戰，最後寡不敵眾才棄城內渡，其英勇事蹟今猶盛傳。

旗後砲臺在高雄市旗後山上，高雄市本名打狗，又名打鼓，遠在明朝末年就已經成為南台灣有名的海港，荷據時期，荷蘭人曾開闢打狗到荷蘭東印度巴達維亞之間的航線，益增打狗的重要性。

光緒元年（西元一八七五年）清廷為加強打狗的海防，命副將王福祿在打狗港口旗後山建西武砲臺，稱為旗後砲臺，由英國技師設計監造，不但形勢險要，規模也十分宏偉，砲臺內設有大砲四尊，營房二十二間，整體構造摻入不少中國式的建築，如砲臺入口的牆上以磚砌成「囍」字就充滿了中國風味。

漁翁島燈塔不但是台灣燈塔的開端，也是早年航行台灣與廈門之間的重要航標，對於台灣的拓墾具有重大的貢獻。現今仍是台灣海峽水域的重要燈塔。

漁翁島位於澎湖三大島的最西面，控制著澎湖灣的入口，自古以來即為澎湖對外的屏障，乾隆四十三年（西元一七七八年），澎湖通判謝維祺奉台灣知府蔣元樞之命，建七級石塔，每夜點燃燈光照耀海上，指示航行船隻，為台灣地區最古老的燈塔。道光元年（西元一八二一年）曾經重修。光緒元年（西元一八七五年）改建為西式燈塔，日據時期曾加以修改，現為白色圓形燈塔。

（文章節錄自http://edu.ocac.gov.tw/culture/chinese/cul_chculture/c-story.htm）

當你覺得自己已經看完全部的文章後，請記錄閱讀時間並翻到下一頁，開始填寫測驗卷，填寫時間不計時。

學前測驗閱讀時間：　分　秒

學前測驗題

（　）1. 基隆二沙灣砲臺是那個戰爭時所設立的？
A中英戰爭　B中法戰爭

（　）2. 基隆二沙灣砲臺是那個國家的人所設計的？
A中國人　B英國人　C法國人　D日本人

（　）3. 淡水紅毛城最早是那個國家的人所建造的？
A荷蘭人　B中國人　C西班牙人　D英國人

（　）4. 台灣何時劃入清朝版圖？
A明崇禎二年　B清康熙二十二年　C清雍正二年　D清乾隆四十五年

（　）5. 台灣最早的古老城堡遺跡是？
A淡水紅毛城　B安平古堡　C億載金城

（　）6. 現在的紅毛城是由那個國家的人所建造的？
A荷蘭人　B中國人　C西班牙人　D英國人

（　）7. 安平古堡與赤崁樓隔著？

A閩江　B內江　C南江　D台江內海　遙遙相對

（　）8. 安平古堡與赤崁樓最早是那個國家的人所建造的？

A荷蘭人　B中國人　C西班牙人　D英國人

（　）9. 安平古堡被稱為「王城」是因為誰遷入居住？

A鄭成功　B鄭經　C沈葆禎　D劉永福

（　）10. 現在的安平古堡是由那個國家的人所建造的？

A中國人　B英國人　C荷蘭人　D日本人

（　）11. 億載金城是有那個國家的人所設計的？

A中國人　B英國人　C法國人　D日本人

（　）12. 億載金城是為了防範那個國家的人入侵？

A荷蘭人　B日本人　C西班牙人　D法國人

（　）13. 億載金城是由誰搬已經毀壞的熱蘭遮城的磚頭過來建造的？

A沈葆禎　B劉永福　C鄭成功

（　）14.高雄在
A清末　B明末　已經是南台灣有名的海港？

（　）15.旗後砲臺是哪個國家的人所建造的？
A荷蘭人　B中國人　C西班牙人　D英國人

（　）16.A億載金城　B安平古堡　C二沙灣砲臺　D旗後砲臺，何者有磚砌的「囍」字充滿了中國味？

（　）17.漁翁島燈塔是台灣最早的燈塔，也是台灣與
A廈門　B福州　C漳州　D廣州　之間的重要航標

（　）18.最早的漁翁島燈塔是何時建造的？
A明崇禎二年　B清康熙二十二年　C清雍正二年　D清乾隆四十三年

（　）19.現在的漁翁島燈塔是哪個國家的人所改建的？
A中國人　B英國人　C法國人　D日本人

（　）20.現在的漁翁島燈塔是
A七級燈塔　B西式燈塔　C白色圓型燈塔

（正確答案請見221頁解答篇，每題五分，請將測驗結果記錄於63頁。）

二 推心置腹1849字

怎樣處理員工反映的情況

切忌輕視員工的意見。基層員工對情況的觀察，往往比高高在上的管理者更清楚。因此，和員工交流是主管了解情況的重要管道，也是汲取新觀念與建議的重要管道。

有一個例子，五金行的員工建議管理者，在店中間放一張桌子，專售價值一毛錢的貨物。管理者採納了他的建議，生意很好。這促使那位員工想到另一個主意：「為什麼不開一家只有幾分、幾毛錢就能買到東西的廉價商店呢？」於是，他向管理者提出了構想，並請求由他經營這家店，只要管理者提供資金。

「這一計劃絕不可行，因為你無法找到許多值幾分錢、幾毛錢的貨物。」管理者說。年輕人非常失望，他決定靠自己的努力去做，他成功了。他就是享譽美國的百貨零售大王伍爾夫。他的前老闆後來談到這件事：「因為我拒絕伍爾夫的一句話，失去了獲利一百萬美元的機會。」

假使這位管理者接受了伍爾夫的建議，也許他就成了美國的零售業大王。由此可見，員工很有可能提出真知灼見，管理者應該重視員工的意見。

謙卑地聽取員工的意見

主管總是將自己想像成集智慧、經驗、能力、知識、技巧及品德為一身的賢者。總是認為任何事都必須他一個人說了就算。主管常對員工說的一句話是：「我對了，就是對了，錯了也是對了。」員工的意見，主管很少聽得進去。

實際上，主管不一定是做決定的最好人選。做決定前要充分收集員工提供的資訊及建議。與員工討論，一方面可保證決策的正確性，同時也讓員工覺得受尊重。

優秀的主管永遠是謙卑的，他們明白員工懂得比自己多，更了解真實的情況，做決定前應先聽取員工的意見。但是，這並非意味，主管必須事事參考員工的意見，員工參與決策也要有限度，畢竟帶領公司前進的是你。

謙卑的人總是虛心學習，不會因為自己身份的尊貴就頤指氣使，遇到問題時，會尋求協助。

怎樣得到員工的認可

尊重是管理者與員工談話時最起碼的要求。管理者若沒有打從心底尊重員工，與員工接觸時便會產生兩種情況：

一是盛氣淩人，傷了員工的自尊與感情，破壞自己在員工心目中的形象，甚至導致員工想盡辦法抵制。

另一種情況是敷衍了事，對於員工提出的建議都是左耳進、右耳出。員工不是傻子，你是否把他們的意見當一回事，他們都一清二楚。他們會覺得自尊心受到傷害，並認為你連最基本的尊重都不懂。

事實上，管理者沒有理由輕視員工，沒有員工的努力與付出，管理者任何好的策劃、計劃都將被擱置。因此，管理者與員工近距離接觸的前提是真心尊重。

員工，將員工當成朋友。

談心也是一種溝通術

世界著名的管理者大多都非常重視員工交流，並且都有一定的規定。例如，摩托羅拉企業在這方面的做法就很獨到：無論本地員工、外國員工還是總經理，都在同一個餐廳用餐；而且企業規定，每一季，企業的部門經理都要和他帶領的員工進行一次誠懇的對談。

在易利信，每年員工和部門經理有一至二次「個人發展計劃」的談話，部門經理根據員工的個人發展要求和該部門的情況，安排員工的培訓計劃。

戴爾企業總裁麥可·戴爾每星期都要和約二十五名員工一起吃飯，強調客戶至上的準則，傾聽他們的意見。由此可見，管理者有計劃地與員工溝通，是與員工近距離接觸的基礎。

怎樣營造溝通的氣氛

談話的氣氛很重要，美國企業的一些做法很值得作為借鏡。在美國，每個企業都有一個小房間，裡面有熱咖啡、小點心讓人享用。一杯香醇的熱咖啡下肚，員工心中的緊張情緒一掃而空。管理者想了解員工的情況，可以端一杯咖啡走到員工座位旁聊聊，咖啡喝完了，目的也達到了。

此外，應該多加利用集會。集合下屬開會，目的在於理解工作目標和作業方法，彼此溝通，並讓每個人自由發言。

當大家有衝突時，或出現許多失敗與困難時，為了改善氛圍，他可以暫時中斷工作、集合眾人討論，藉以提高整體的效率。

及時答覆員工的意見

兩個朋友各自經營自己的企業，都經常聽取員工的意見。過了一段時間，兩家企業的員工的建議均大為減少，後來，其中一家企業倒閉了，而另一個企業則蒸蒸日上。

兩人再次相聚，企業倒閉的人問成功的朋友：「我們以同樣的方法經營，可是我的命不好，企業倒了。」

朋友說：「不是命不好，而是你聽取了意見，但是卻未及時答覆，時間拖長了，員工們認為你根本就不在意，徵求意見只是象徵性地做做姿態，自然沒有人再提意見了。而我在得知問題十五天內，一定設法回覆，不能短時間解決的，也給予說明。隨著問題逐一解決了，企業也上了軌道。」這兩個朋友的經歷說明，只聽取意見和建議是不夠的，重要的是定期答覆員工，讓員工覺得管理者真正尊重自己，重視自己的意見，自然地形成對企業強烈的歸屬感與認同感，就會全心全意地工作。快速應對答覆，才能迅速付諸實施。

學前測驗題

（　）1. 作者建議切忌輕視誰的意見？

A高階主管　B中階主管　C基層員工　D以上皆是

（　）2. 徵求員工意見時，若是短時間無法解決的問題，可以等到解決方法出現時再答覆員工？

A對　B錯

（　）3. 誰總是把自己想像成集智慧、經驗、能力、知識、技巧及品德為一身的賢者？

A主管　B企業顧問　C基層員工　D以上皆是

（　）4. 管理者與員工近距離接觸的基礎是「有計畫地與員工溝通」？

A對　B錯

（　）5. 世界著名的管理者大多非常重視員工交流，並且有一定的規定？

A對　B錯

（　）6. 優秀的主管都是謙卑的，管理者與員工近距離接觸的前提是？

A真心尊重員工　B把員工當朋友　C以上皆是　D以上都不需要

（　）7. 作者建議當大家有衝突時，或出現許多失敗與困難時，為了改善氛圍，管理者可以暫時中斷工作、集合眾人討論，藉以提高整體的效率？

A對　B錯

（　）8. 管理者與員工永遠充滿矛盾，為了提高員工受重視的感覺，讓員工參與決策，說明需要改變的理由，使他們了解整個方案的制訂過程與結論，看似花費時間，實際上可以獲得更高的效率？

A對　B錯

（　）9. 作者建議管理者應該多多利用企業內的小房間，裡面有熱咖啡、小點心讓人享用，讓下屬理解工作目標和作業方法，彼此溝通並讓每個人自由發言？

A對　B錯

（　）10. 作者認為面對員工的意見，影響員工歸屬感與認同感的最關鍵步驟是？

A認真聽取意見　B定期答覆。

（正確答案請見221頁解答篇，請將測驗結果記錄於63頁。）

	學前測驗	學後測驗
閱讀速率（閱讀字數／每分鐘）		
內容理解率		

POINT

文章閱讀速度的測定

閱讀速率的計算公式：

$$\frac{（文章總字數 \times 閱讀遍數）}{閱讀時間總秒數} \times 60$$

＝每分鐘閱讀的字數（字／分鐘）

第一篇學前測驗文章字數是1,685字，假設閱讀了3遍，一共閱讀了10分鐘34秒（總秒數634秒）。1,685×3÷634×60＝約478（字／分鐘，四捨五入）

理解率的計算公式：

答對的題數÷總題數×100%＝　　%

05 輕鬆速讀的原因

一 視野寬度、字群閱覽

小時候我們都玩過躲避球，在圈內的人，除了眼睛需要不斷地注意圈外三方敵人的攻擊，腳也要快速地移動位置，除了避免被球擊中之外，也要找機會將球攔截下來，將發球權轉為己方。在移動位置時，眼睛緊盯著球，腳步卻不斷地移動，因此很少在場上看到一群人都在緊盯著球不放，卻因快速移動而彼此撞成一團。

讓我們做一個小試驗：請站立雙眼平視前方，雙手往前方伸直，頭不動、眼睛不動，兩手指尖相觸然後手臂往兩旁慢慢移動分開，頭跟眼睛依然直視前方不動，雙手張開到眼

角餘光無法同時看到左右手的指尖為止，這就是水平的視野寬度。而將手臂以上下的方式慢慢張開，就能測出垂直的視野寬度。

因為我們眼睛視野是很大的，在人不移動的情況下，任一瞬間經由視覺可以看見的世界，稱為「視野」。人的雙眼視野可達210度，但是真正清楚的地方，只有中間的部分。

既然視野角度如此地寬，擺在書桌上的一本書，絕對可以容納進去。以速讀時的需要來說，在光線良好的地方，只要眼睛與書本保持30公分，就能輕鬆不費力地看清所有文字。

讓我們做個小試驗，在眼睛盯著字母A的情況下，每一行你能一次看到多少個字母：

A
AB
ABC
ABCD
ABCDE
ABCDEF
ABCDEFG
ABCDEFGH
ABCDEFGHI
ABCDEFGHIJ

只要能同時看到ＡＢＣ三個字母，就表示視野沒有問題。人本來就有能力能一眼看盡整頁的內容，但沒有經過速讀訓練的人，閱讀方式僅停留在幼稚園階段，無法做到「一目十行」。

第一次世界大戰時，英國空軍戰略家發現飛行員在快速飛行時，無法快速分辨遠方飛機是敵是友。英國空軍為加強軍官迅速而正確地判斷出快速行進中的機艇標誌和各種形體，因而藉由閃視訓練來提高視覺的辨識能力，卻在無意間發明了速讀的訓練方法。由於成效良好，在第二次世界大戰後由美國西北大學視聽教育中心繼續研究，後來各級學校才開始有速讀課程，並於一九六四年傳入台灣普遍推廣。

閃視訓練就是改變眼球的移動習慣，讓眼睛同時攝入大量的文字，釋放右腦圖像式的能力，將其完整地發揮出來。速讀就是快速有效的閱讀技巧，雖然跟「學者症候群」的「記憶通」表現很相似，但是，拿所謂的「學者症候群」＊的表現來當做學習的努力目標是錯誤的。

二 眼腦直映、鳥瞰全局

全腦式速讀是運用「眼腦直映」的閱讀方式，打破口讀、心讀的資訊傳導路徑來提升閱讀速度。在過了小學五年級之後，就應該學習速讀，來加速閱讀的速度與理解能力。

大腦思考的過程，就像我們看地圖找地方一樣。在我們要前往一處陌生環境之前，要先在地圖上找到該位置的行政區或是街道，然後再找找附近有沒有明顯的地標或捷運站，再對照自己的所在位置，尋找可以前往的路線，決定最後的路線。

當閱讀速度提升時，大腦自然以看地圖的方式閱讀該篇文章：先掌握住文章中心思想，再一一讀取相關的重點字詞。

匆忙、慌張、大致瀏覽的閱讀態度，無法正確、充分地理解和體會文中的意義。但過去一般人的觀念，總是認為閱讀速度與理解程度成反比，以為只要仔細研讀、慢慢閱讀，才能正確充分掌握書中內容。當然，**「熟讀唐詩三百首，不會做來也會吟」，並不是完全沒有道理的，但這只是這是針對一些極難理解的書籍而言，例如古典書籍等。**

速讀，就是加速閱讀的行動，並不只是時間上要加速，還必須加速理解能力，或至少保持理解程度不變，而縮短時間的讀書方法；甚或是理解程度提高，而閱讀時間更短。否則無論讀了好幾遍，卻仍不知書中內容寫什麼，是毫無益處的。

現在是資訊的時代，一切講求快速、掌握情報以及發揮創意。使用眼腦直映的閱讀方

* Idiot Svant，天才白癡，或稱白癡天才、學者症候群、高功能自閉症。指的是一群雖然在數學、音樂及其他特定的學科上有特殊表現，ＩＱ卻相當低，且無學習、寫作及閱讀能力的人。他們在被問及所擅長的「專業」問題時，99％均可做正確回答；若超出「專業」時，他們就成了傻瓜，而且在生活中，連最基本的自理均需他人的協助與照顧。

式，就像老鷹從空中鳥瞰大地，哪裡有獵物，一眼就能瞧見，這是一種運用綜覽全局的方式，快速抓取文章中的中心思想。

三 視覺導引工具

在不使用任何工具的情況下，只使用你的視線，從右上方進入迷宮，右下方走出迷宮，同時計時看看你要花多少時間。視線移動速度愈快愈好。

你是否已經發現，當我們用視線走迷宮時，視線會不自覺地跳動「偷看」隔壁通道，我們的視線移動事實上並不太受大腦控制，所以許多人在閱讀時會不小心跳行或不自覺地重讀一次字句。

所以我們需要視覺導引工具，讓眼睛乖

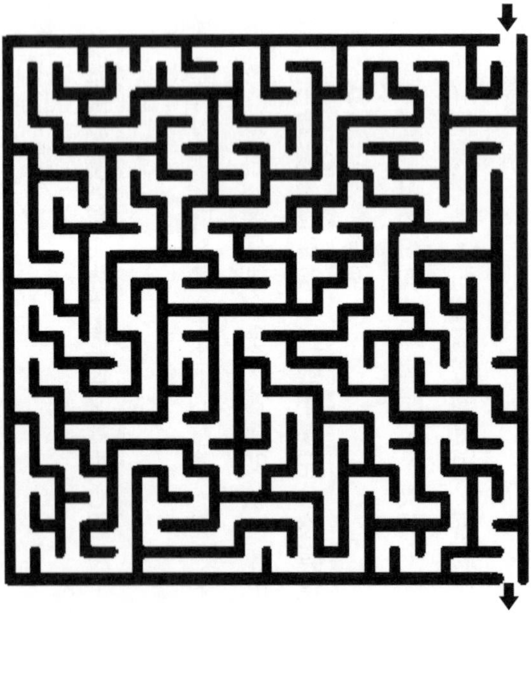

乖地，在書本的字句上「順暢地」移動。最好的視覺導引工具就是我們手中的筆或是手指頭。當筆或手指頭移動到哪裡，視線就要移動到哪裡。等到你熟悉眼腦直映快讀法的技巧後，就不需要視覺導引工具，也能專心地閱讀。

四 立體多項學習法

日本川村明宏提出「立體多項學習法」，就是在速讀的技巧之下，同時進行多個項目。雖然這看起來好像是不可能的事，事實上每天都有人做到這件事情。

現在電視頻道眾多，很多人在A台廣告時間，就開始按遙控器，瀏覽各台節目，如果剛好看到B台節目不錯，就停下來看一下，等時間差不多就再切換回A台。即使切換回A台，A台可能已經播了一段節目，但我們依然可以繼續看下去，也能看懂。等到下一段廣告時間，又開始按遙控器，可能直接切換到B台，或是再次瀏覽各台節目，可能這次是停留在C台。就這樣子，在一個小時之內，看了兩、三個頻道。但是每一個電視節目的內容，都能明白。

「立體多項學習法」就像是用剛剛的方式看電視。可以快速地在短時間內，閱讀多項科目。能夠精通各種領域的人，大家都會稱讚他是「通才」。

很多人學習速讀後，很自然地講話速度變快了，這是因為大腦思考的速度加快。原本學習一門學問，可能需要一到三小時，學習速讀的人，閱讀能力將增加三至十倍；可以藉由閱讀來學習的學問，在相同的時間下，將可以增加三至十門學問，甚至是十門以上。當進入到「通才階段」，自然能再提升閱讀能力到二十倍以上。

第 3 部

提升閱讀速度的方法

現在就來學習各種提升閱讀速度的方法，按照本書說明的步驟進行，每天只要 5 分鐘，持續 21 天，你的閱讀速度將大大地改變！

06 擴大視野寬度的練習

每天簡單的眼球運動，可以幫助眼睛的肌肉放鬆，讓視力更好，眼球移動更靈活。

視野寬度愈寬的人，自然一眼就能看較多文字。在閱讀文章時，若是直式文章，眼球為上下運動，橫式文章則為左右運動。速讀時眼球運動愈靈活，閱讀速度就愈快。

眼球運動（一）

❶ 用力眨眨你的眼睛

請先用力閉上眼睛，再睜開眼，然後重覆五次睜、閉眼的動作。

↓

❷ 左右轉動你的眼球

眼球向右看，保持數秒↓回到正中位置↓眼球向左看，保持數秒↓回到正中位置。

❸ 上下轉動眼球

眼球向上看，保持數秒↓回到正中位置↓眼球向下看，保持數秒↓回到正中位置。

向上看

回正中位置

向下看

「放風箏」和「看電影」——

「放風箏」因為是遠距離看事物，可以放鬆肌肉。看電影則因為「暗視」的效果，室內的燈全都關閉，此時瞳孔是放大的，再加上電影螢幕很大，若能坐在中後排，與螢幕有一點距離的位置最好，這樣看起電影來眼睛會很舒服。另外，每天要補充營養，多吃如胡蘿蔔、菠菜、蕃茄等，富含維他命A的食物。

另一種眼球放鬆法

（一）

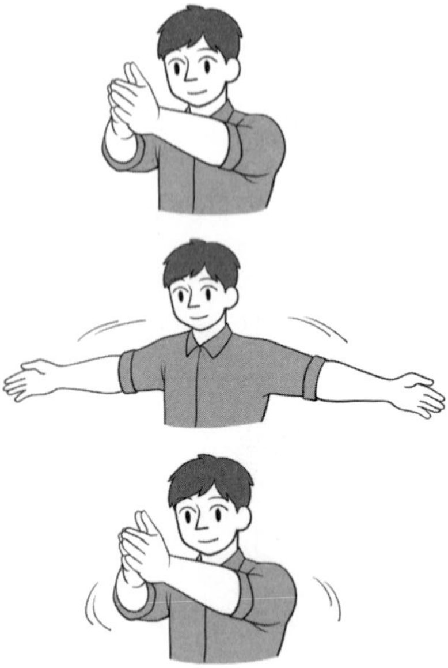

步驟 ①：
雙眼直視前方，雙手往前伸直，手掌合併。

步驟 ②：
雙眼直視前方，手指尖一邊動一邊張開雙手，直到眼角餘光無法同時看清兩手的手指尖時停住，並維持一兩秒。

步驟 ③：
雙眼繼續直視前方，慢慢將手合併收回。

（二）

步驟 ①：
雙眼直視前方，雙手往前伸直，手掌合併。

步驟 ②：
雙眼繼續直視前方，將雙手方向改為上下張開。

步驟 ③：
雙眼直視前方，慢慢將手合併收回。

（三）

步驟①：
雙眼直視前方，雙手往前伸直，手掌合併。

步驟②：
雙眼直視前方，將雙手方向改為右手往右上角，左手往左下角方向張開。

步驟③：
雙眼繼續直視前方，慢慢將手合併收回。

（四）

步驟①：
雙眼直視前方，雙手往前伸直，手掌合併。

步驟②：
雙眼繼續直視前方，將雙手方向改為左手往左上角，右手往右下角方向張開。

步驟③：
雙眼繼續直視前方，慢慢將手合併收回。

眼球運動（二）

❶ **步驟一**：找一面距離你超過三公尺以上的牆面，將雙手伸直，指尖對出去後，再往外一個拳頭寬的距離，在心中記住這個在牆面上的左右位置，然後在心中取出一個正方型出來。

❷ **步驟二**：以15秒鐘為一個單位，頭不動，只有眼球左右移動，視線直接從右邊跳到左邊，再跳回到右邊，這樣算一個回合，心中默數15秒鐘可以進行幾個回合。

❸ **步驟三**：以15秒鐘為一個單位，頭不動，只有眼球上下移動，直接從上邊跳到下邊，再跳回到上邊，這樣算一個回合，心中默數15秒鐘可以進行幾個回合。

❹ **步驟四**：以15秒鐘為一個單位，頭不動，只有眼球順時針方向移動，直接從四方形的任一角落開始，視線從A點跳到B點，再跳到C點，再跳到D點，再跳回到A點，這樣算一個回合，心中默數15秒鐘可以進行幾個回合。

❺ **步驟五**：以15秒鐘為一個單位，頭不動，只有眼球逆時針方向移動，直接從四方形的任一角落開始，視線從A點跳到D點，再跳到C點，再跳到B點，再跳回到A點，這樣算一個回合，心中默數15秒鐘可以進行幾個回合。

一 提升眼球速度練習

沒有經過閱讀訓練的人經常無法順利掌握眼球的快速移動，所以閱讀時會產生跳行、同樣一行看兩次的情況。以下練習只為了提升閱讀速度而做，想提升閱讀理解率者，要多加強第7章與第8章內容。

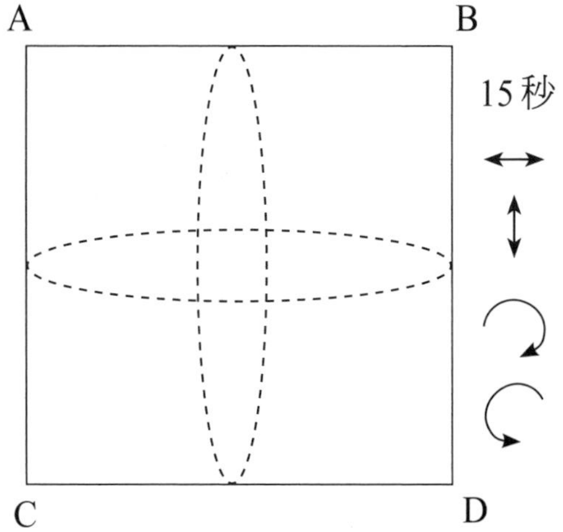

練習一 上下單行視野移動

下頁練習圖中，每一個圓圈代表一個文字位置，線段的部分就是視線移動的軌跡。你會注意到圖中線段的起點與終點，並不是第一個文字跟最後一個文字，而是從第一個字與第二字的中間開始，這是因為我們的視野寬度能自然而然地看到第一個和第二字，從這裡開始可以縮短視線移動的距離，進而縮短閱讀時間。

當視線移動到最下方時，立刻移動到下一行。用最快的速度看完練習一。練習時，頭不動只有眼球在移動。如果有需要，別忘了視覺導引工具，利用它來增加眼球移動的順暢性。

拿出計時器，記錄連續看三遍所需的時間，記錄在第100頁的紀錄表上，每天練習一次。

練習二與練習一的方式相同，只不過改為左右移動，在練習時記得，頭與書本保持三十公分的距離。

練習二　左右單行視野移動

練習二與練習一的方式相同，只不過改為左右移動，**在練習時記得，頭與書本保持三十公分的距離。**

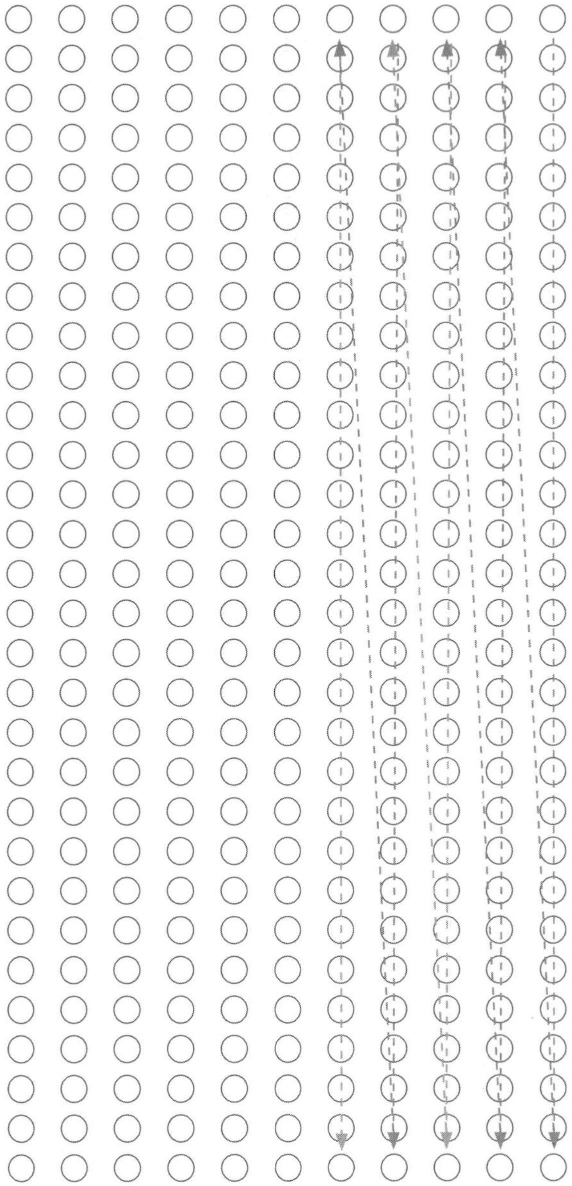

二 線的視野拓展練習

練習三 上下兩行視野拓展

將視野拓展到一次可以閱讀兩行，將視覺落在線段位置上，也就是兩行文字的中間。當視線移動到最下方時，立刻移動到第三行與第四行中間。用最快速度看完練習三。練習時，頭不動只有眼球移動。在第100頁的紀錄表上記錄連續看三遍後所需的時間，每天練習一次。

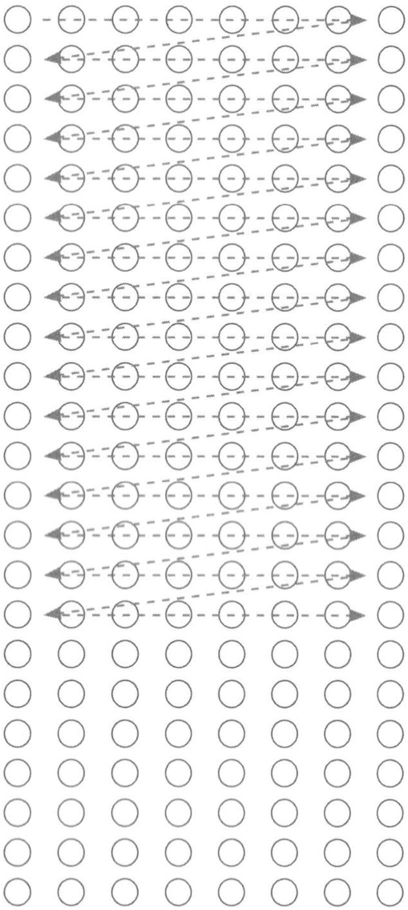

練習四 左右兩行視野拓展

練習四與練習三的方式相同，視線改為左右移動。怕跳錯行的話，可先在旁邊畫上記號。

練習五 上下三行視野拓展

練習五為一次閱讀三行時，同樣將視覺落點落在線段位置上，也就是第二行文字的中間。當視線移動到最下方時，立刻移動到第五行文字的上方。用最快的速度把練習五全部看完一遍。練習時，頭不動只有眼球移動。每天練習一次，記錄連續看三遍後所需的時間。

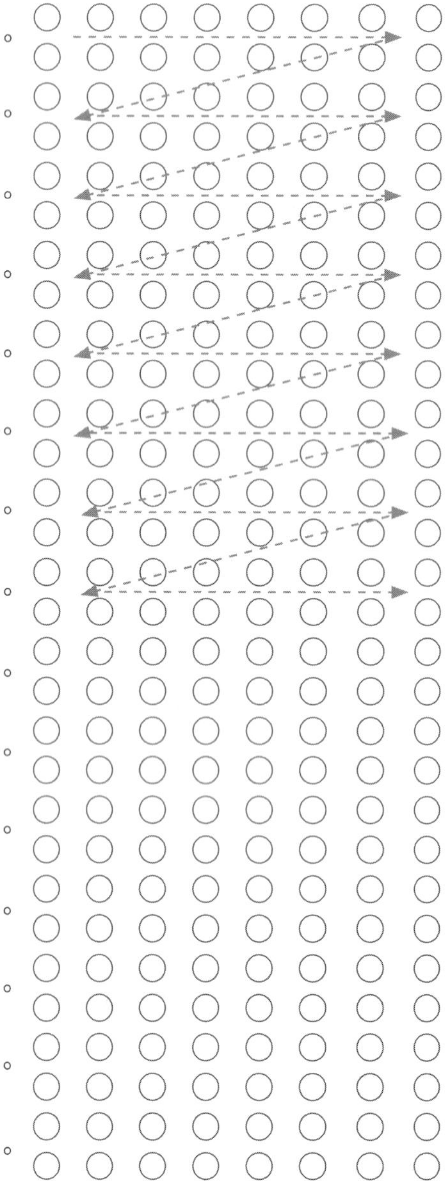

練習六 左右三行視野拓展

練習六與練習五的方式相同，將視線改為左右移動。

練習七 上下四行視野拓展

練習七則為一次閱讀四行，將視覺落點落在第二行跟第三行文字的中間。當視線移動到最下方時，立刻移動到第六行跟第七行文字中間的上方。用最快的速度把練習七全部看完一遍。練習時，頭不動只有眼球移動。每天練習一次，記錄連續看三遍後所需的時間。

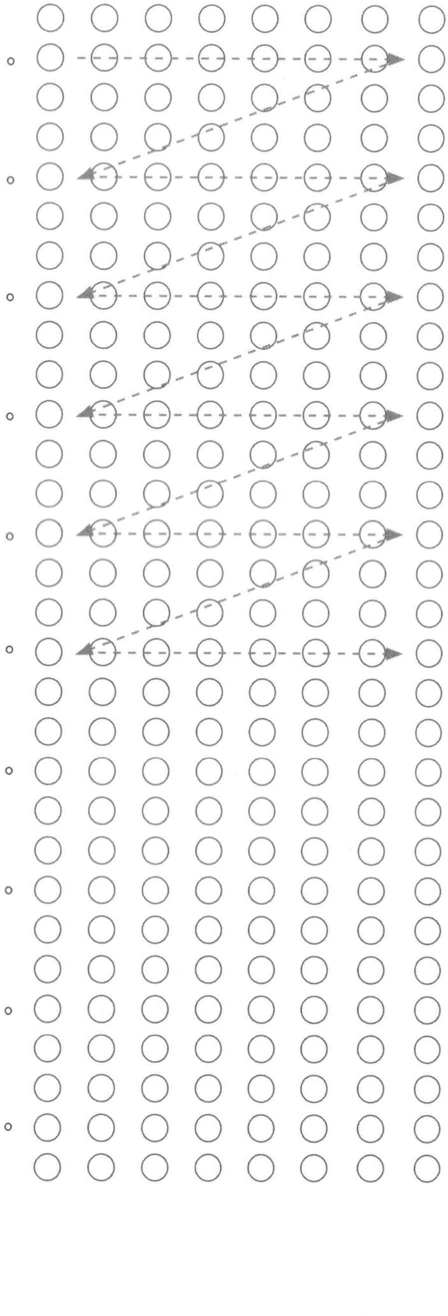

練習八 左右四行視野拓展

練習八與練習七的方式相同，視線改為左右移動。或許你會覺得這個部分比較困難，請務必耐心練習。

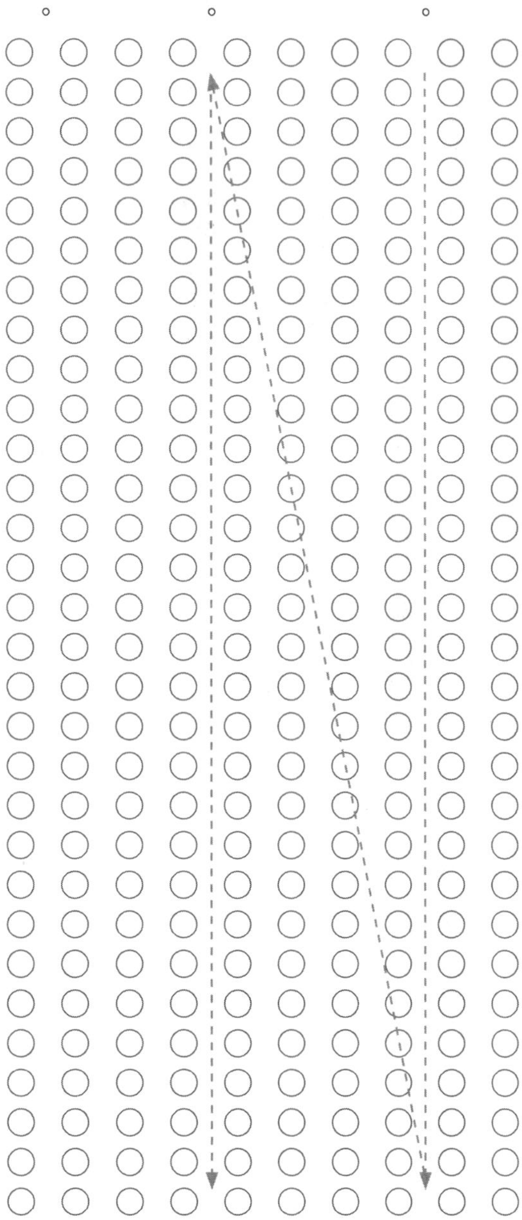

三 面的視野拓展練習

練習九 亂數視野拓展

分成數字1～20、1～40，看著第87～88頁的練習表，準備好碼表計時。視線的移動是依照1到40的順序，一定要按照順序依序找出每一個數字。只做一遍，結束後記錄在紀錄表上。

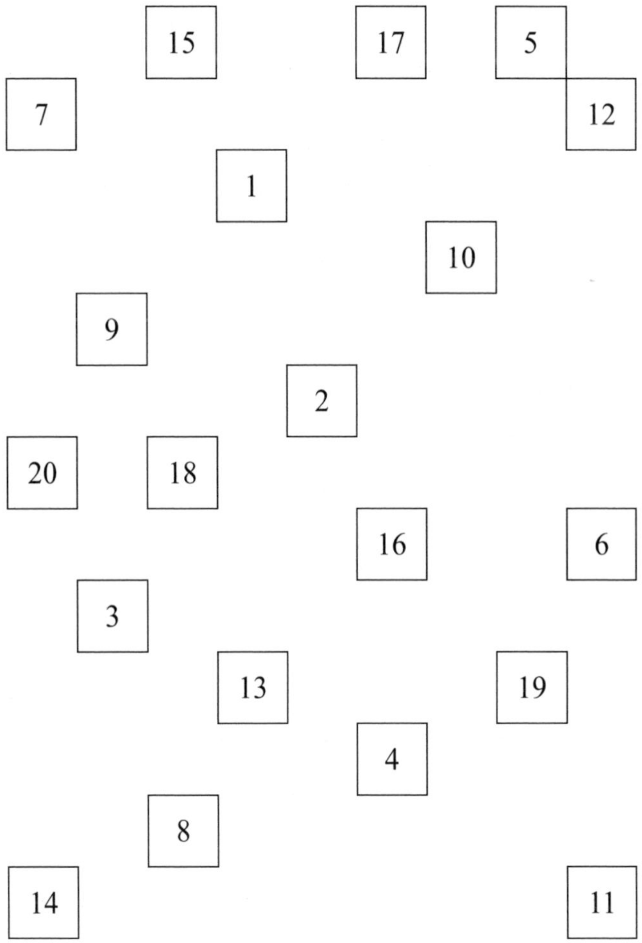
15
17
5
7
12
1
10
9
2
20
18
16
6
3
13
19
4
8
14
11

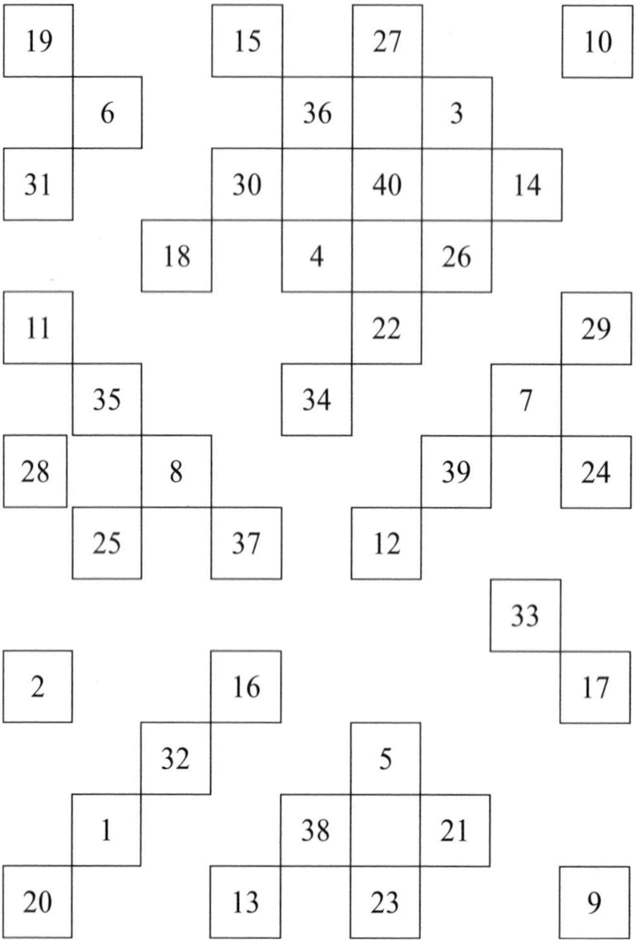
19 15 27 10
6 36 3
31 30 40 14
18 4 26
11 22 29
35 34 7
28 8 39 24
25 37 12
33
2 16 17
32 5
1 38 21
20 13 23 9

練習十 許特爾圖視野拓展

準備好碼錶計時。依照1到9的順序移動視線，一定要按照順序將每一個數字依序找出。由左方的許特爾圖開始，到右方的許特爾圖結束。將77頁的上方三個數字許特爾圖都完成後，將時間記錄在紀錄表上。

中間三個文字許特爾圖，一樣由左方的圖開始，右方的圖結束。三個圖結束後記錄所花的時間在紀錄表上。每一個文字許特爾圖的順序是：

東南西北中一二三四。

最下方練習中的英文字母許特爾圖，一樣由左方的圖開始，右方的圖結束。三個圖加起來就是完整的字母A～Z，全部結束後記錄所花的時間於紀錄表上。

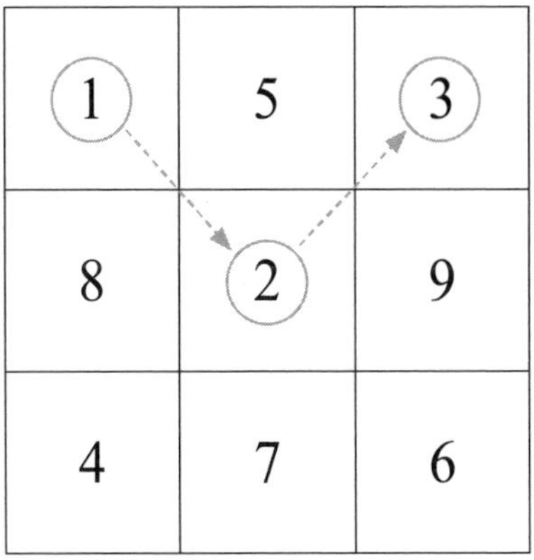

1	5	3
8	2	9
4	7	6

7	2	5
4	1	8
6	9	3

7	1	5
2	4	9
6	8	3

東	一	北
四	南	三
西	二	中

南	三	西
中	東	二
一	四	北

西	三	東
中	一	四
南	二	北

A	H	C
I	B	F
E	G	D

J	O	M
Q	K	R
L	N	P

結束	S	V
W	Z	X
U	T	Y

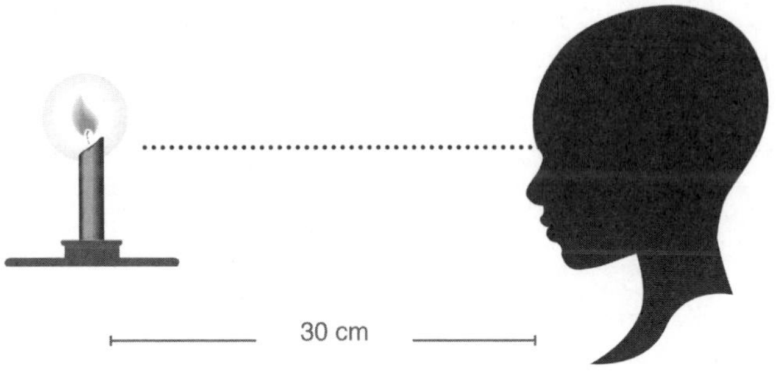

練習十一 蠟燭殘像訓練

將室內的燈關掉，點上一盞蠟燭，置於眼前三十公分處，視覺落點在火焰與蠟燭的交接處，並將視野擴及整個蠟燭火焰的變化，注意內焰、外焰分別是什麼樣的形態與顏色。

觀察十秒後，閉上眼睛，在腦海中想像出蠟燭的形象，十秒後張開眼睛，再觀察一次，總共觀察三次。

經由每天三十秒練習後，你將會發覺腦海中蠟燭形象愈來愈清晰，這表示大腦圖像能力漸漸被開啟，慢慢地就能把書本上的文字當成整體畫面，一起輸入大腦裡。

練習十二 方格視野拓展

看著下方的練習表，將視覺落點置於X處，把視野盡量拓展到一眼就能看到所有的「3」，當你發現為了看到所有的「3」，而視線開始跳動時，就表示我們視野寬度還可以再拓展。

將636集中法做完後，放鬆所有視覺神經，緊盯著X位置不放，感受你的視野慢慢地拓展，十秒後閉眼休息。每天練習三個十秒鐘即可。

當你能看到所有的「3」之後。再以同樣的方法練習，把3跟5中間的所有空格也都納入視野。完成這一步後，再練習將視野拓展到所有的「5」。

5	5	5	5	5	5	5	5	5
5								5
5		3	3	3	3	3		5
5		3				3		5
5		3		X		3		5
5		3				3		5
5		3	3	3	3	3		5
5								5
5	5	5	5	5	5	5	5	5

四 文字字群閱覽練習

練習十二 方格視野拓展

準備好碼錶計時。看著左頁的直行文字，因為是直行排列，將視覺落點落在第二個文字與第三的文字之間，視覺起始點落在第一行與第二行之間，先由右至左平行移動，看完最上面一排文字之後，快速將視線移動到下一排文字，視線移動的過程中，可以使由視覺導引工具，避免產生停頓或重讀的不良習慣。**如果發現自己會在心中默讀文字，就表示視線移動速度太慢，請加快視覺導引工具的移動速度**，同時注意眼睛一定要跟上視覺導引工具。

以上動作重複三遍，將時間記錄在100頁紀錄表上。如果是橫行排列，那麼視線移動的軌跡應該是由上至下。同樣將時間紀錄下來。

直行練習

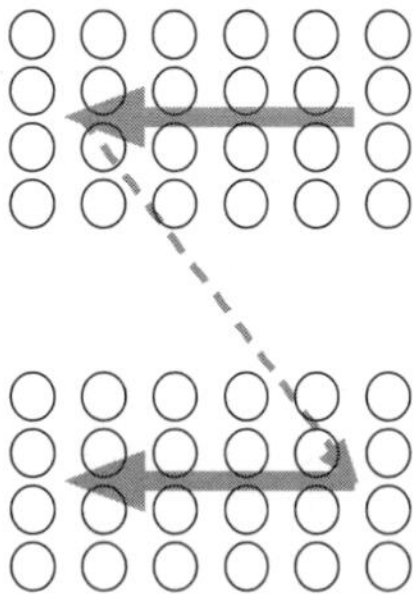

橫行練習

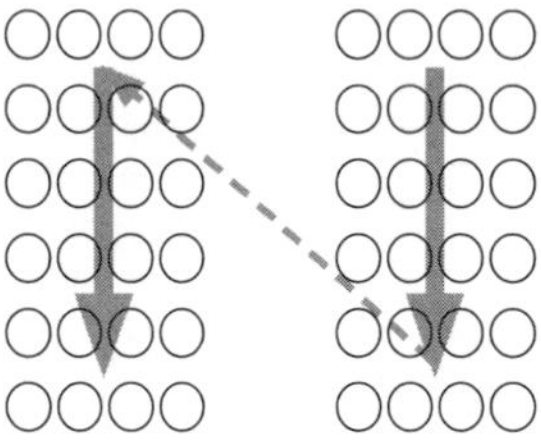

小試身手（練習十三測驗開始）

電視節目　保險金額　民族英雄　身家調查　穩定價格　一般消費　英國國教　應用數學　會計審查　國際情勢　北海油田　四大基金　神經緊繃　文化工作　石雕藝術　聯合陣線　遺傳病史　國外旅行　科技人文　人類歷史　民族融合　民族運動　貿易收入　未來志向　遺傳工程

勞動人民　人工製造　政治庇護　外交保護　天官賜福　閱讀速度　法定代理　勞動合同　職業訓練　教育培訓　醫療經費　營利事業　外資企業　台灣電影　附加價值　政府政策　夫妻財產　文明社會　鼻子過敏　育兒嘗試　東北季風　組織系統　社會改革　教育制度　國際機場

交感神經　宇宙爆炸　溫帶水果　科學研究　經濟成長　和平原則　自動變速　惡性腫瘤　文物古蹟　心臟病發　道德勸說　核子戰爭　觀光聖地　印象畫派　催眠魔術　手工藝品　熱帶氣候　預算通過　運動大會　生態系統　都市美學　食品添加　食物中毒　忠心耿耿　知識淵博

百貨商圈　目標任務　二期稻作　重新出發　診斷證明　人生價值　預備出發　陽光充足　意氣風發　全齡住宅　通話紀錄　遊牧民族　頭痛醫頭　金融產業　鎮守基地　傳染疾病　安全衛生　風景油畫　雜誌週刊　科學博覽　流行歌曲　減肥食品　時代潮流　世界文明　解決方法

超人耐力　自然療法　美容診所　裁決審判　勇於挑戰　募集資金　裝訂改版　國家賠償　藝術創作　公務人員　商業行為　大氣觀測　冷暖自知　世紀婚禮　屍體解剖　保險詐領　精神病院　四川地震　恐怖攻擊　大腸桿菌　大陸棚架　登高望遠　集中精神　物理治療　美容美髮

酸性物質　人民公社　前期事業　人工呼吸　殺人疑案　職業介紹　公家機關　市民代表　高等教育　企業改革　現代音樂　思想解放　國會議員　糧食危機　權力鬥爭　石器時代　少數民族　政治革命　宗教戰爭　地層下陷　景氣循環　三氯氰胺　波濤洶湧　自我意識　享樂主義

小試身手（練習十三測驗開始）

自立自強	季節交替	合作金庫	教育水準	變化多端
處變不驚	開發計畫	集體主義	人民素質	種類繁多
公司制度	推理小說	野生動物	英文會話	台灣黑熊
本土電影	職業學校	相互依存	邏輯思考	哺乳動物
國際市場	獨身主義	生物化學	智力測驗	特定區域
心理治療	自然生態	死亡原因	民族英雄	隨遇而安
主管機關	甲骨文字	寫實主義	鴉片戰爭	戒慎恐懼
早期教育	平面廣告	全勤獎金	設計安裝	動作敏捷
個人主義	電視電影	史前生物	綠草如茵	翠玉白菜
天主教會	交通號誌	兒童文學	觀音夕照	浮游生物
司法考試	自然舒適	自律神經	觀光旅遊	迴遊魚類
科學技術	人為疏失	世界和平	遙遙相對	人工繁殖
福利事業	公共建設	世代交替	古代遺跡	稀有動物
人工合成	石油價格	生活公約	軍事中樞	凶猛野獸
森林公園	雙子星座	公開演講	發號司令	國際矚目
火災事件	異常現象	正當防衛	日據時代	無恥之徒
自然保護	國民小學	帝國主義	設計建築	事先預防
電話連絡	相對溼度	軍權主義	孤軍奮戰	保護措施
證券市場	通信衛星	新聞發表	英勇事蹟	土地開發
資本主義	就業機會	古典文學	台灣古蹟	健康保險
象徵主義	社會團體	休閒時間	整體構造	金融機構
社會主義	財團法人	經濟成長	海外屏障	經濟蕭條
精神分析	交通事故	兩伊戰爭	台灣海峽	銀行帳號
伏首認罪	時間效用	恐怖攻擊	古老建築	地址變更
財政赤字	個別管理	人權團體	歷史悠久	交換學生
薪資所得	機能障礙	噪音公害	光耀門楣	便利商店
公司品牌	書面處理	社會風俗	地勢高亢	投資理財
自我評判	中毒事件	五權憲法	氣氛濃厚	企業經營

練習十四 七字字群閱覽—直行、橫行

練習方法同練習十三。將視覺落點落在第四個文字位置，也就是七個字的中間位置，視覺起始點落在第一行與第二行之間，視線平行移動，看完最後最上面一排文字之後，快速將視線移動到下一排文字。動作重複三遍，然後將總共的時間記錄在100頁。

一般來說，一份容易閱讀的材料，可以減少眼睛停頓的次數。當材料愈艱深，眼睛停頓的次數也會增加。**同樣的材料，閱讀快速的人停頓次數會比閱讀速度慢的人來得少。**

當對文字的認知不正確或不瞭解，常會將文字再重讀一次，這對閱讀速度慢的人而言是很常見的事。**停頓跟重讀的不良習慣需要耐心練習來克服**，建議初學者必要時可使用視覺導引工具。每頁內容要連續看三遍，總共閱讀時間不可超過18秒，若超過就表示你開始不自覺地恢復默讀或是停頓、重讀的習慣。

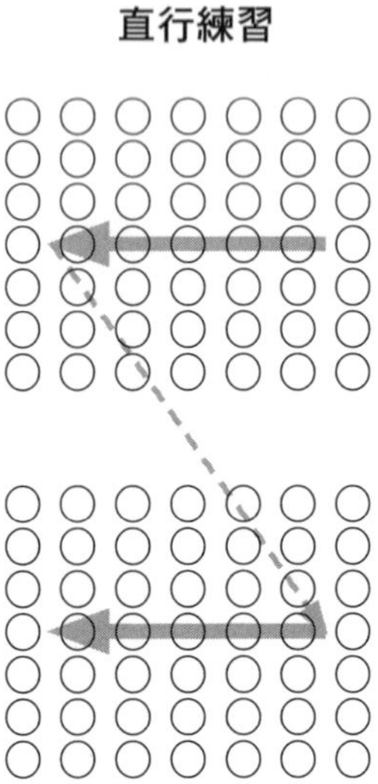

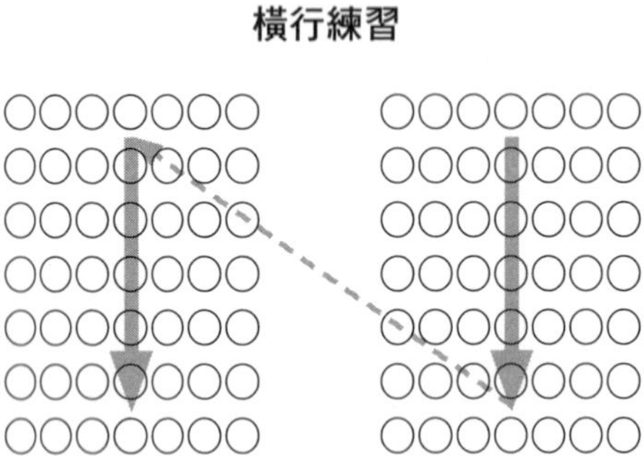

小試身手（練習十四測驗開始）

少小離家老大回
一店一帳的制度
鄉音無改鬢毛催
醫生診斷證明書
兒童相見不相識
衛星航站的管控
笑問客從何處來
音樂合成樂器師
獨在異鄉為異客
科學家觀測衛星
每逢佳節倍思親
核分裂生成產物
遙知兄弟登高處
家庭用終端機器
遍插茱萸少一人
關稅進口變更權
閨中少婦不知愁
技能師檢定制度
春日凝妝上翠樓
生產加工研究所
忽見陌頭楊柳色
大氣候影響計畫
悔教夫婿覓封侯

隱隱飛橋隔野煙
緊張收縮性頭痛
石礬西畔問漁船
景氣變化的指數
桃花盡日隨流水
一次性產品價格
洞在清溪何處邊
一般媒介的契約
寒雨連江夜入吳
營利性社團法人
平明送客楚山孤
台灣子女的教育
洛陽親友如相問
家用電話的普及
一片冰心在玉壺
技術安全的保障
昨夜風開露井桃
盼望購買到低價
未央前殿月輪高
競爭力維持政策
平陽歌舞新承寵
金融化自由商品
簾外春寒賜錦袍

葡萄美酒夜光杯
血型星座不適合
欲飲琵琶馬上催
臨時停止比賽了
醉臥沙場君莫笑
一般物價的水準
古來征戰幾人回
醫療工業研究所
故人西辭黃鶴樓
人民解放的陣線
煙花三月下揚州
海外投資的集團
孤帆遠影碧空盡
火災保險的費用
惟見長江天際流
家庭教育很重要
朝辭白帝彩雲間
大地震觀測區域
千里江陵一日還
人民集會的自由
兩岸猿聲啼不住
暴力討債的集團
輕舟已過萬重山

故園東望路漫漫
人民所得扣除額
雙袖龍鐘淚不乾
團體協奏交響曲
馬上相逢無紙筆
農漁業利用協定
憑君傳語報平安
嘉勉勤勞好學生
岐王宅裏尋常見
控制音效的裝置
崔九堂前幾度聞
斷絕我外交關係
正是江南好風景
縮減軍事武器案
落花時節又逢君
乾電池的充電器
獨憐幽草澗邊生
教育文化的產業
上有黃鸝深樹鳴
同心協力大合作
春潮帶雨晚來急
現金流量管理法
野渡無人舟自橫

小試身手（練習十四測驗開始）

月落烏啼霜滿天
電腦組合事務機
江楓漁火對愁眠
商業價格報價書
姑蘇城外寒山寺
移轉價格的操作
夜半鐘聲到客船
修正刑法的草案
春城無處不飛花
實習生指導要領
寒食東風禦柳斜
高氣壓快速移動
日暮漢宮傳蠟燭
暫時記憶的區域
輕煙散入五侯家
研發製造的要領
更深月色半人家
外交危機的處理
北斗闌幹南斗斜
非揮發性的肥料
今夜偏知春氣暖
緊急的特別會議
蟲聲新透綠窗紗
鄉下苦情姊妹花
紗窗日落漸黃昏
金屋無人見淚痕
原子彈研究開發
寂寞空庭春欲晚
證券市場營業員
梨花滿地不開門
通信衛星發射中
善良風俗的推廣

資本主義的缺點
朝朝馬策與刀環
華爾街股市風暴
三春白雪歸青塚
誘發精神分裂症
萬里黃河繞黑山
反對大男人主義
玉樓天半起笙歌
引發宇宙大爆炸
風送宮嬪笑語和
最大經濟生產量
月殿影開聞夜漏
產業工藝試驗所
自然環境保育法
水晶簾卷近秋河
常設仲裁裁判所
回樂峰前沙似雪
公司人事調動法
受降城外月如霜
一國社會主義論
不知何處吹蘆管
宇宙開發事業所
一夜征人盡望鄉
防止核擴散條約
朱雀橋邊野草花
股票不發行制度
烏衣巷口夕陽斜
教育課程審議會
舊時王謝堂前燕
金星地表探查機
飛入尋常百姓家
現金自動支付機

新妝宜面下朱樓
產油國精製主義
深鎖春光一院愁
社會的間接成本
行到中庭數花朵
移動型測速照相
蜻蜓飛上玉搔頭
消費者行為研究
淚濕羅巾夢不成
貿易不均衡問題
夜深前殿按歌聲
安全保障理事會
紅顏未老恩先斷
一般限制級電影
斜倚熏籠坐到明
連鎖店銷售制度
禁門宮樹月痕過
核磁氣共鳴反應
媚眼惟看宿鷺巢
股票市場介入點
斜拔玉釵燈影畔
公司員工總動員
剔開紅焰救飛蛾
發起勞動者制度
日光斜照集靈台
原始人類的生活
紅樹花迎曉露開
公害運動四原則
昨夜上皇新授菉
照相用色溫度計
太真含笑入簾來
資源管理型漁業

五　二十一天練習

「習慣」就是不用特別動腦筋去想也能做的事，「改變」就是做自己過去不會去做的事情，**「進步」就是做自己不習慣的事情，讓它變成新的習慣**。改變行為只要重複7次，就能擺脫過去的舊習慣。只要特意將某行為重複做7次就能養成新習慣，而只要將習慣重複21次，就會形成一輩子熟練的習慣。跟自己競爭才能進步，加油！

請依據每天的練習，將紀錄填於下表中。白格子代表需要練習的日子，黑格子代表不用練習。例如第1～7天只要練習一～四日練習題九的20字、練習題十的數字、練習題十一～十二。

二十一天練習紀錄表

天數	日期	練習題																		
		一	二	三	四	五	六	七	八	九		十			十一	十二	十三		十四	
		上下	左右	上下	左右	上下	左右	上下	左右	20字	40字	數字	文字	英文	蠟燭	方格	直排	橫排	直排	橫排
1																				
2																				
3																				
4																				
5																				
6																				
7																				
8																				
9																				
10																				
11																				
12																				
13																				
14																				
15																				
16																				
17																				
18																				
19																				
20																				
21																				

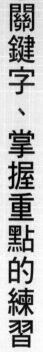

07 抓取關鍵字、掌握重點的練習

重點 POINT

- 人 Who
- 事 What
- 時 When
- 地 Where
- 物／工具 What
- 多少數量 How many
- 多少錢 How much
- 怎麼做 How
- 因果關係 Why

一 名詞、動詞、專有名詞

關鍵字詞的選擇以名詞、動詞優先，形容詞、副詞最後。

不管是名詞的「光碟片」或是動詞的「跑步」，當一聽到兩個詞時，相信大家腦中都會浮現光碟片及跑步的畫面，絕對不會浮現出盤子或是走路的畫面，所以名詞與動詞絕不會讓我們一見到詞語時產生錯誤的認知。這也符合5W的要求。

但是一說到「快樂的」、「很」、「特別地」，這一類形容詞跟副詞時，大家腦中可能浮現過去快樂的場景或是覺得很特別的事物，這時大家腦中浮現出的畫面就完全不同了。所以，當我們使用這一類的詞彙當關鍵詞時，在日後重新閱讀這些關鍵詞時，不見得能幫我們回想起當初閱讀的內容。

二 5W2H

只要能掌握句子重點，那麼掌握文章就更不是難事了，句子只要思考幾個重點；什麼人？做了什麼事？用什麼樣的工具或方法？什麼時間？什麼地點？也就是人、事、時、地、物（五個W中的who、what、when、where）。

另外還有一個W：為什麼這麼做？結果是什麼？對後代的影響是什麼？就是why。事情或過程的原因與結果是很重要的，只要看到「因為……」、「所以……」、「於是……」、「因此……」這類字眼時，後面的內容就是句子最後的結論。

嘗試以下的練習。根據下頁的句子，找出主要的字詞，也就是關鍵字。

1. 今天我很快樂！

（　　）、（　　）、（　　）

2. 媽媽好想聽你唱歌哦！

（　　）、（　　）、（　　）

3. 適度地在書本上用彩色筆標記明顯線條、記號，可幫助記憶。

（　　）、（　　）、（　　）

4. 當熱水瓶快滿的時候，空氣柱變短，所以聲音的音調變高。

（　　）、（　　）

5. 小販常利用沙子來拌炒栗子，主要是因為沙子的比熱小，溫度容易上升，此外利用栗子混在沙子中受熱也比較均匀。

（　　）、（　　）、（　　）、（　　）

（以上答案請見222頁）

2H就是how、how much、how many，how就是怎麼做？過程是如何？how much是這要花多少錢？多少時間？how many是有多少資源？多少數量？

舉例一

統一證券經紀部市場研究組經理李建勳說：「匯損侵蝕獲利的力道相當可觀。」例如一項商品的成本是七元，售價十元，毛利率百分之三十。一旦匯率升值百分之十，商品毛利率立刻由百分之三十降為百分之二十，表面看起來只是一元的差別，卻大大侵蝕毛利率水準。

（節錄自經濟日報 記者徐慧君、何易霖、陳碧珠報導 2008/04/14）

色塊就是這篇新聞的重點所在。其他文字只是輔助說明主要觀念。

三 提示用語詞

文章由許多文句所組成，一個句子由各種單字構成，而為了使句子流暢而負責連接文句的連接詞，本身並不具備重要的意義，卻能提醒我們，哪一處必須詳讀，哪一處不太重要，只需瀏覽過去即可。

這些**使人容易分辨段落、確立選擇目標的連接詞**包含「**首先**」、「**第一**」、「**接著**」、「**然後**」、「**再來**」、「**最後**」、「**一般來說**」、「**舉例來說**」、「**換句話說**」等等。當你熟練速讀的技巧後，自然就不會花時間去注意這些不具關鍵意義的語詞。

承接前文或是說明詞句的連接詞則有「**因此**」、「**於是**」、「**而且**」、「**所以**」等。在語詞存在的前後都是相關的內容，因此閱讀重點通常只需注意前面的句子。

特別用來說明與前文不同的連接詞有「**可是**」、「**另一方面**」、「**其他還有**」、「**但是**」、「**只是**」等。這些連接詞是用來表明後面所要說明的內容，和前文並不相同，因此要特別留意後面的內容。

總結前文內容的連接詞有「**結果**」、「**也就是說**」、「**主要是**」等等。出現這類句子時，只要特別注意後面的結論，前面的文字略讀就可以了。

像上述的連接詞大約占書籍內容的20%，當熟練速讀技巧後，自然就不會將目光停留在這些連接詞上，可以大幅節省閱讀的時間。

四 圖像式筆記

做筆記能避免大腦無謂地消耗能量，並保持記憶的新鮮度。所以**常做筆記的人，可藉由做筆記的過程，察覺自己的思緒是否完整？也能同時重新思考、整理腦中所吸收的內容，無形中加速思考的速度與深度。**

製作筆記時要注意「記錄關鍵字，而非記錄句子」，這部分跟速讀的能力很有關係。筆記能方便幫助我們日後回想內容，但不是要讓我們將原始的內容重新閱讀一遍，因此記錄下來的都是閱讀後，去蕪存菁的結果。

完全不做筆記的人，表面上看來好像很厲害，能將一切的事物都記在腦中，但是，我們的生活中有更多重要的事物需要去思考、判斷、分析、創意，如果能將內容記錄下來，而不只是依靠大腦記憶，就更能發揮大腦功能。

速讀技巧好的人，製作筆記的速度與完整性都優於一般人。筆記技巧的精進，也有助於提升速讀技巧，兩者有著相輔相成的關連性。

閱讀有一項原則：「如果我們不能在平面上畫出或示範某件事情，那我們對它的理解就有可能是錯的。」**藉由製作筆記，記錄所學的內容，同時也可以用來檢查我們對內容是否已經瞭解透徹。**

五　練習題——縮句

試著練習怎樣將句子濃縮成最精簡的文字，但又不會失去原本要表達的意思？

1. 培根：「知識就是力量」一直在各地廣泛流傳。
2. 其實，只要用心去聽，我們仍然能聽到螞蟻說話的聲音。
3. 在我一年年長大的同時，我的感知卻在一天天地衰退。
4. 青蛙在裡頭下了蛋，小小的黑點散布在膠狀的水晶球裡。
5. 魚兒不時跳出水面捕捉在溪流之間飛舞的麝香蟲。
6. 這半畝大的方塘，好像一面展開的明鏡。
7. 一棟棟高樓大廈，逐漸被暮色吞蝕。
8. 東風來了，春天的腳步近了。
9. 工作的偉大不在獲得的「價錢」，而是在其「價值」。
10. 科技的發明，日新月異，不但開闊人類的眼界，更為生活帶來極大的便利。

（答案請見第225頁解答篇）

POINT
本章重點步驟

閱讀工具準備

↓

636集中法

↓

確定閱讀目標

↓

全腦式速讀

↓

圖像式筆記

↓

記憶

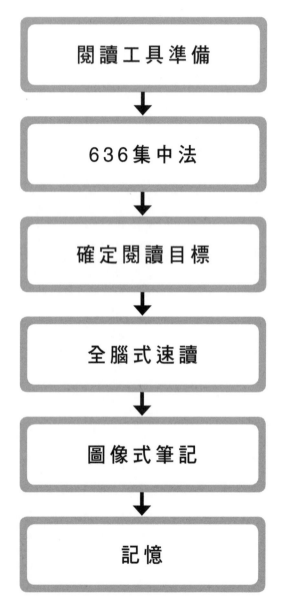

08 各種材料的閱讀方式

李敖可以稱得上是台灣情報蒐集最豐富的人，他的豐富著作，全源自於大量閱讀情報資訊。即使現今他已經七十餘歲了，但是仍擁有源源不絕的創作題材。有「日本國民作家」之稱的司馬遼太郎也跟李敖一樣，是蒐集情報的高手，他每年撰寫一篇長篇小說之前，都得蒐集將近一卡車的資料，為了有效地閱讀這些資料，司馬遼太郎也去學習速讀技巧。

蒐集情報的閱讀方式，有下列幾種：

一 4S閱讀法

1 預讀（瀏覽）Prereading／Surveying

看書名、標題、目錄、序言、作者簡介……等，**目的在於掌握大致的內容，獲得整體概**

念，有助於發現日後需要詳讀或是不需再閱讀的地方。預讀相當於預習，預讀的時間不可超過一分鐘，超過一分鐘就不是預讀了。

2 尋讀 Scanning

熟悉材料的排列順序，就像翻閱電話簿找出所需號碼、從書中找出重要的日期、人名以及查字典等，這是一種快速尋找資訊的技巧，也就是「尋讀」（Scanning）。

3 略讀（跳讀）Skimming

適合用在一小則文章上，像是新聞、雜誌、書報、評論等，皆有區分段落或是短文，快速地瀏覽以瞭解大意，可以迅速地瞭解作者的想法、理論及要點。

還有一種「點讀法」，首先只看第一行上面部分，接著看第三行中間部分，接著看第五行下面部分，如此一來就比別人快上五倍。點讀法雖然不適合每一個人，但運用點讀法，在閱讀時可以補進自己的看法，使原本被動的閱讀，變得主動積極。

4 精讀 Studying

對於文辭艱深、文意難懂的書籍，或配合指示看書、背誦文章、評論文章或校對文稿，都不得不放慢閱讀速度。雖然如此，還是有方法提升閱讀速度。例如可依照主題，先查字典或是請教有這方面專業知識的人，閱讀起來就會容易許多。至於**為了考試而背誦時，與其機械式地反覆背誦，不如先瞭解文意後再來背誦。在速讀的練習階段，這一類文章並不適合拿來練習。**

當遇到下列情形可以加快速度：預讀時曾經讀過的段落、內容很簡單、非必要的資訊以及覺得不是想深入的地方。

能配合閱讀的目的、不同的閱讀內容，自由地調配閱讀速度的人才是速讀高手。在看一本書時能夠依照內容難易度加快或放慢速度，這才是最重要的。

二 文章的閱讀

1 確定閱讀目的

為什麼要讀這篇文章呢？是想從這篇文章中獲得什麼？還是只是想要打發時間？**如果缺少閱讀目標，就很容易在閱讀的過程中分心。**

我向來對車子缺乏興趣，以往走在路上我只會注意車子的顏色，其他如款式、品牌、型號等則完全不看。但當我決定要買一台有天窗的車子時，只要走在馬路上看到車子就會往車頂瞧瞧看有沒有天窗，再看車子是什麼品牌或是型號。因為有了目標，自然就會將注意力放在上面，想要獲得的東西不同，就會找不同的關鍵字。

2 快速瀏覽一遍文章（略讀）

用兩三分鐘的時間，快速地瀏覽過所有的文字，**目的只是要知道內容大概在講什麼**、初步瞭解一下大綱，以方便找出作者的重點。

3 開始邊閱讀邊標記重點

再將全部的文章看過一次，用筆快速標記關鍵字，不要為了要選擇標記哪個關鍵字放慢閱讀速度。不用擔心這個問題：「沒有經過思考，怎麼會知道哪個字詞是關鍵字呢？」**當眼球移動的速度快到讓大腦意識無法思考時，潛意識的直覺才會開始發揮作用**。**訓練直覺來幫助你選擇關鍵字詞，而不是用意識去思考那個字詞需要圈選**。

4 快速地將剛剛所圈選出來的重點再瀏覽一遍

一樣保持快速的閱讀速度，這次則不閱讀全部的文章，**視覺落點只落在步驟3時所圈選**

的關鍵字詞上，其餘的文字皆不看。

至於吸收了多少？有吸收到重點嗎？這時就進行第五步驟來檢查。

5 憑藉腦中印象，以圖像式的筆記作紀錄

將書闔上，試著回憶書中的內容，有多少印象就寫多少，當發覺真的寫不出內容後，再看看還有哪些不足的地方，可以回頭再閱讀一次該部分的關鍵詞。

三 書籍雜誌的閱讀

1 確定閱讀目的

希望從這本書中得到什麼呢？可以從作者序或是推薦序中初步瞭解這本書的主要精神與主軸，看是不是符合自己的期待。或是從作者簡介，稍微瞭解這本書的角度與立場。

2 先閱讀書籍大綱（預讀）

從閱讀大綱中**再次確認這本書是不是符合自己的閱讀目標**。很多人習慣一拿到書就從第

一頁開始往下閱讀，這樣的習慣是因為從小在學校學習時，一定是從第一課開始學起，老師也要求我們從第一段開始讀起。其實一般書籍不見得一定要從頭開始閱讀，假設書的內容是自己熟悉的領域，就可以直接跳到自己想要提升的單元，假設是不熟悉的領域，也可以先閱讀自己覺得比較有興趣，或是比較容易看得懂的部分。

閱讀的目的是要吸收自己想要的知識，**有些章節如果沒有興趣，就可以略過。**

3 挑選自己想要先閱讀的章節

閱讀的過程中同樣以關鍵字筆記做紀錄，不明白的地方，也同樣做下紀錄。

跟閱讀大綱一樣，假設閱讀章節內容時，沒有興趣或是已經相當熟悉的部分，就可以先略過不讀。如果閱讀到後面，發現有點不懂時，再回頭閱讀被自己略過的部分。

當第一次面對一本難讀的書時，先從頭到尾閱讀完一遍，碰到不懂的地方不要停下來查詢或思索。

為什麼不要停下來思索呢？因為書中不明白的地方通常是因為出現新名詞，而在書後面的內容裡一定會針對這些新名詞加以解說，所以沒有必要為了看懂這幾個新名詞而停下來。

將書看過一遍之後，同樣回到之前所說的，**如果沒有辦法將內容以圖解的方式表示出來，就表示對這段內容沒有深入的理解。**

4 再閱讀其餘的章節

根據自己的需求，決定要不要閱讀其餘的章節。**閱讀後同樣以自己的閱讀目的為標準，以筆記方式整理內容**。這時候可以試著對自己發問，但是不要急著翻書找答案，讓大腦有時間活化，放鬆心情，讓大腦自行發揮潛意識的能力去理解。

5 再閱讀一遍

將各章節的筆記再閱讀一遍，快速整理出各章節間的關係。這個步驟也就是所謂的複習。複習時間不要太長，約五至十分鐘就夠了，否則又回到舊有的閱讀習慣了。

小說、詩一樣可以運用「眼腦直映快讀法」。先以三到五分鐘瀏覽，決定出不同的章節用不同的閱讀速度。**針對喜歡的部分，就用「精讀」來領略文字的優美**。

POINT
書籍的閱讀

尋找主題
↓
預讀大綱
↓
略讀章節
↓
精讀部分章節
↓
摘要重點的筆記

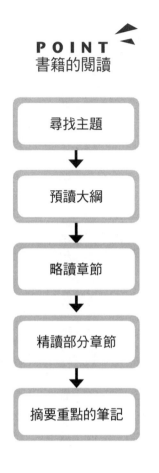

四 比較式閱讀

也稱為分析閱讀、主題閱讀，適用於非小說、論說性、專業性題材的書籍，內容主要闡述一項觀念或方法。這類型的文章通常會有許多講述類似內容的相關書籍，能藉由徹底的閱讀、充分的理解與消化，完整地瞭解與分析某些主題。

1 **找出相關的章節（預讀、略讀）**：依照書的種類與主題來分類、使用最簡短的文字說明整本書的內容、將主要部分按順序與關聯性列舉出來、並列舉出全書的大綱，並將各個部分的大綱也列舉出來、確定作者想要解決的問題。

2 **挑選出每一本書不明白的部分、或是針對各個書籍間相同與相異之處做精讀**：確定作者已經解決了哪些問題，還有哪些是沒解決的。

3 **分析、完成主題思想的大綱架構**：這也能同時詮釋整本書籍。

4 **討論**：完成第三步驟後，試著批判作者的想法，看看作者有沒有知識不足、知識錯誤、不合邏輯或分析與理由不完整等地方。

POINT
比較式閱讀

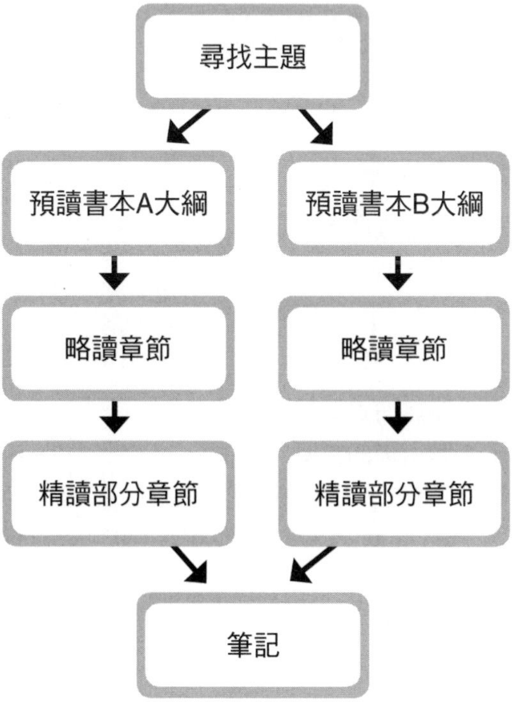

五 電腦的速讀

近年來有20%至60%的資訊來自於電腦，有人會選擇直接在螢幕上閱讀，有人喜歡將資料印出來閱讀。原本電子資訊的最大優勢是可以減少紙張消耗，許多人卻因為不懂得在電腦螢幕上的閱讀方法，而將資料用紙張印出，這不僅浪費時間，也增加紙張的使用量，如果你會電腦螢幕的速讀，就能為環保盡一份心力。

1 坐姿正確：電腦螢幕高度要與眼睛保持平行，與眼睛距離約一個手臂長。脊椎保持垂直。閱讀十至十五分鐘後，眼睛就需要望一下遠處，放鬆眼睛肌肉。

2 選擇適合自己的字體大小、行距：運用電腦捲動功能，快速地一行行往下移動文字。

3 網頁的閱讀方式和報紙一樣；電子郵件的閱讀方式和文章一樣，先看大標題再決定要不要看內文。但**電腦在閱讀時不方便圈選關鍵字，所以不適合做為速讀初學者的練習**。

第200頁有21天的文章練習與紀錄表，舉例文章的形態、內容、難易度每天都不一樣，透過記錄可以知道自己在哪類文章上還要多加強，可以多找這類的文章來練習。每天至少練習兩篇文章，另一篇文章請自行依照喜好選擇。在速讀練習階段，請依照本章的原則，挑選適合自己的文章，文章總字數盡量不要超過2000字。

POINT
報紙、網頁的閱讀

視覺落點在報紙的正中央（電腦螢幕的中央）

↓

快速掃描哪些標題吸引你，先閱讀該篇文章

↓

預讀方式閱讀吸引你的文章

↓

精讀想深入了解的段落

09 文章速讀的三步驟

做好速讀準備工作後，就可以利用線條將文章版面分為六等份（五條線），速讀技巧更加熟練後就可以將版面分為四等份（三條線）。這些線條與文字的交叉點，就是閱讀時的「視覺落點」。

當進行瀏覽、圈出重點時，視線就落在這些視覺落點上（如果有使用筆或手指頭的話，將筆或手指到這些位置上），其餘的文字運用視覺寬度來看就行。先看位置A，再直接跳到B，接著跳到C、D、E、F依序下去。

從側面來看，筆或手指頭只點在這幾個視覺落點上。當你熟悉速讀技巧後，就可省略畫線的動作，直接進行閱讀。

(一) 本圖範例為橫向文字。直向排列的文字，只要把眼球移動的方式轉90度就行了。

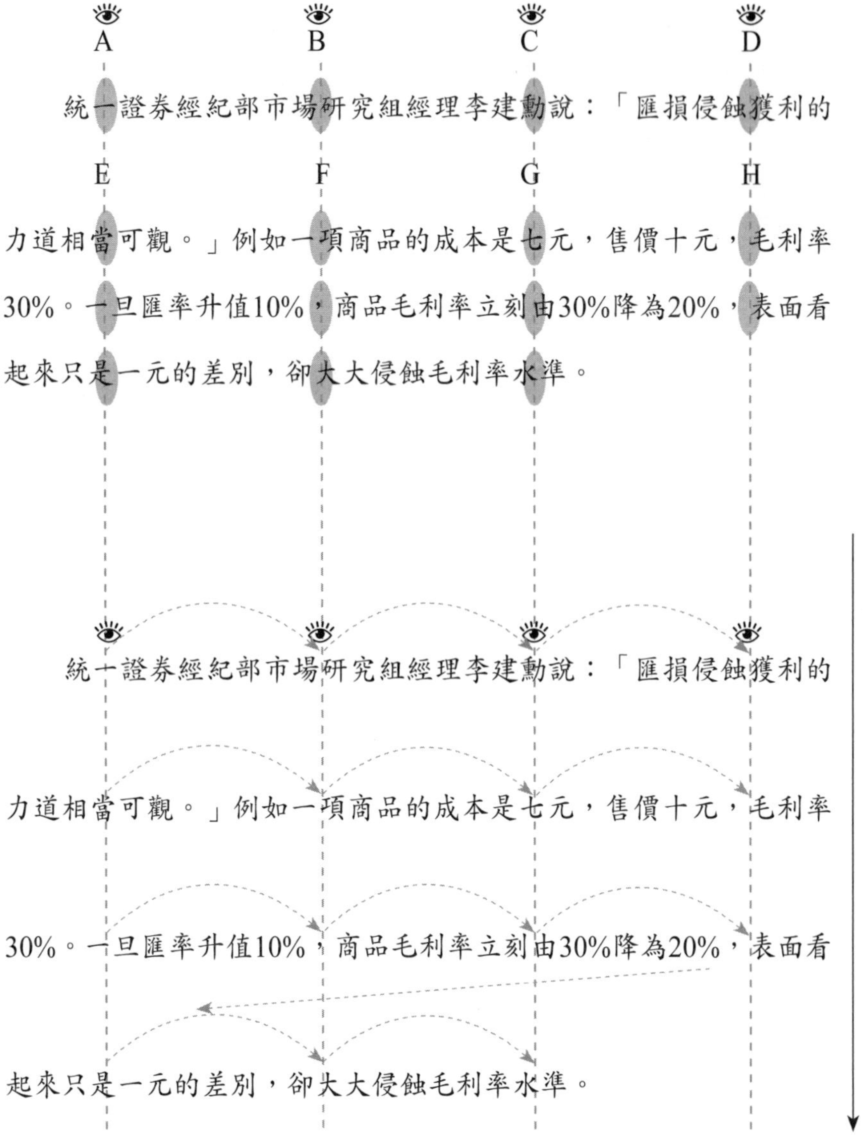

橫向點狀式：

示意圖一：若是橫向文字，可用鉛筆在文字區域的最左側與最右側數進來第四個字位置畫一條線，大約的位置畫一下就好，不需要用尺來劃線畫的很精準。

不是排優先順序，而要定出最優先事項

優先順序，可以拯救無法做出抉擇的人

——奇普・希思（Chip Heath）&
丹・希思（Dan Heath）

出人意料地，決定優先順序比你以為的還要困難

你是否遇過這種情形：即使相當明白「決定優先順序非常重要」這句話，卻不知為何總是辦不到。

收件匣中不停增加、一定要回復的信件：「有件事……」突然從天而降，來自上司的命令；追蹤推特、臉書；下周聯誼會的預約時間和續攤……種種瑣事。然而工作遠不止上面所列的各項瑣事，再加上工作上的責任，肩上所背負的重量就更沉重了。更別說隨著升遷，所需負的責任想必更為重大。於是，腦中隨時充斥著各種一定要完成的事項，沒有絲毫餘裕或時間可以思考先後順序的問題。

對於能將手邊工作應付自如的人，他們會從優先度最高的工作開始專注、單一地解決，同時還擁有捨棄的習慣。也就是先決定了先後順序，再將優先度低的事項捨棄。要是能做到這點，必然能變身為「高效率、高品質」的工作者。

34

但是，從這個步驟我們就可以發現一個問題，那就是「決定優先順序意外地困難」。針對這個難點，許多書籍和雜誌都相繼推出了「如何決定優先順序」的專題。

例如在一個名為「時間管理系統」的方法中，推薦了「以ABC劃分出重要程度」的技巧；還有，以《與成功有約》一書成名的成功學大師史蒂芬・柯維（Stephen R. Covey）則提出了優先順序矩陣，他說「以緊急程度和重要程度作為橫縱軸，為事物訂出優先順序」；另外也有「20：80管理法」等各式各樣，用以決定優先順序的方法。

但就算知道了這許多方法，仍有很多人無法決定出優先順序，不斷在追尋有用方法的過程中反覆著。

其實，比起這些林林總總的方法，更重要的是思維。在這裡我將介紹一個思維法，讓你能順利從「沒辦法決定優先順序」的狀況中畢業。

不是決定優先順序就好，要決定「最優先的那一個」

「我現在很猶豫要不要換工作，只是一考慮到或許隨時會和女朋友結婚，現在的這個工作環境似乎也還不錯。也想過有一天要獨立出去，但總是有所不安。我該怎麼做才好？」這是隨處可見的人生諮詢內容。

面對這類的提問，知名作家作家村上龍說：「我無法回答。」據說是因為，面對無法決定自身事物優先順序的人，

第2章 導向成功的關鍵字「聚焦」 35

示意圖二：在這兩條線的中間區域，再平均分配成三等份，畫上兩條線。線條與文字交錯的位置就是「視覺落點」。

不是排優先順序，而要定出最優先事項

優先順序，可以拯救無法做出抉擇的人

——奇普・希思（Chip Heath）&
丹・希思（Dan Heath）

出人意料地，決定優先順序比你以為的還要困難

你是否遇過這種情形：即使相當明白「決定優先順序非常重要」這句話，卻不知為何總是辦不到。

收件匣中不停增加、一定要回復的信件：「有件事……」突然從天而降，來自上司的命令；追蹤推特、臉書；下周聯誼會的預約時間和續攤……種種瑣事。然而工作遠不止上面所列的各項瑣事，再加上工作上的責任，肩上所背負的重量就更沉重了。更別說隨著升遷，所需負的責任想必更為重大。於是，腦中隨時充斥著各種一定要完成的事項，沒有絲毫餘裕或時間可以思考先後順序的問題。

對於能將手邊工作應付自如的人，他們會從優先度最高的工作開始專注、單一地解決，同時還擁有捨棄的習慣。也就是先決定了先後順序，再將優先度低的事項捨棄。要是能做到這點，必然能變身為「高效率、高品質」的工作者。

34

但是，從這個步驟我們就可以發現一個問題，那就是「決定優先順序意外地困難」。針對這個難點，許多書籍和雜誌都相繼推出了「如何決定優先順序」的專題。

例如在一個名為「時間管理系統」的方法中，推薦了「以ABC劃分出重要程度」的技巧；還有，以《與成功有約》一書成名的成功學大師史蒂芬・柯維（Stephen R. Covey）則提出了優先順序矩陣，他說「以緊急程度和重要程度作為橫縱軸，為事物訂出優先順序」；另外也有「20：80管理法」等各式各樣，用以決定優先順序的方法。

但就算知道了這許多方法，仍有很多人無法決定出優先順序，不斷在追尋有用方法的過程中反覆著。

其實，比起這些林林總總的方法，更重要的是思維。在這裡我將介紹一個思維法，讓你能順利從「沒辦法決定優先順序」的狀況中畢業。

不是決定優先順序就好，要決定「最優先的那一個」

「我現在很猶豫要不要換工作，只是一考慮到或許隨時會和女朋友結婚，現在的這個工作環境似乎也還不錯。也想過有一天要獨立出去，但總是有所不安。我該怎麼做才好？」這是隨處可見的人生諮詢內容。

面對這類的提問，知名作家作家村上龍說：「我無法回答。」據說是因為，面對無法決定自身事物優先順序的人，

第2章 導向成功的關鍵字「聚焦」 35

直向點狀式：

示意圖一：若是直向文字，可用鉛筆在文字區域的最上方與最下方數下來第四個字位置畫一條線，大約的位置畫一下就好，不需要用尺來劃線畫的很精準。然後在這兩條線的中間處，平均分配方式再畫上一條線。

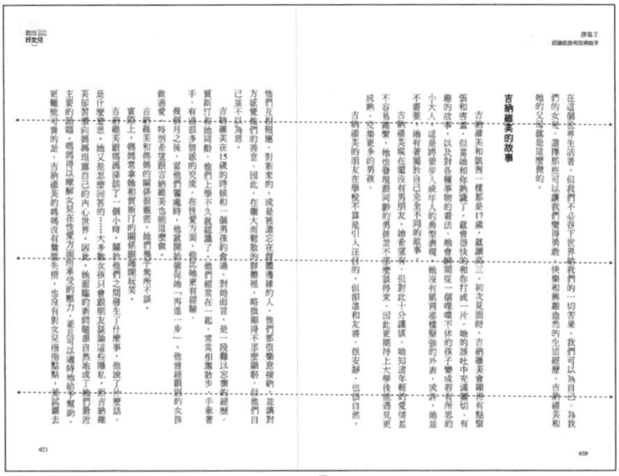

示意圖三：分別再畫上兩條線，把中間區域一共分成四等份。線條與文字交錯的位置就是「視覺落點」。

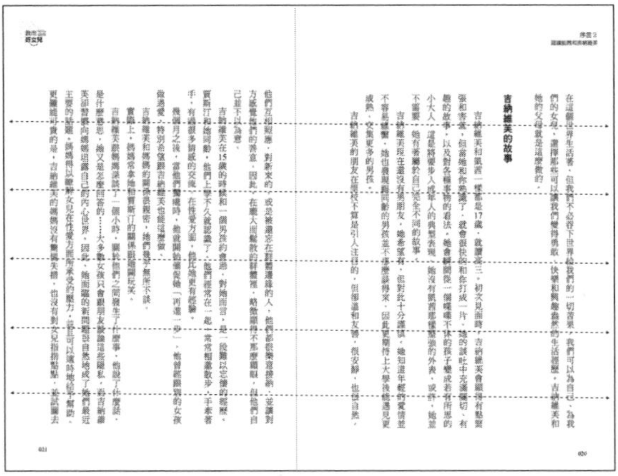

示意圖五到六：利用手指或是筆之類的視覺導引工具，引導自己的眼睛焦點只落在「視覺落點」上，運用「視野寬度」，利用眼角餘光看「視覺落點」上下方的文字。手指以一般頒獎會場鼓掌的節奏感，依序往下移動，看完第一行。

影片示範：請輸入以下網址即可觀看，也可以用手機掃描QR code。

http://goo.gl/W62QjT（大小寫要一樣）

示意圖五：

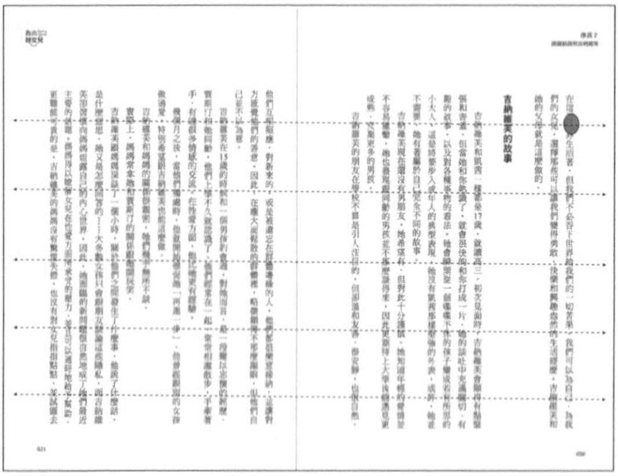

示意圖六

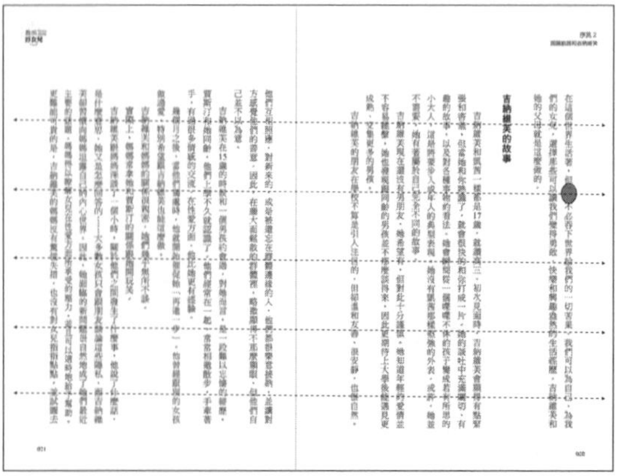

示意圖七：直接跳到第二行，繼續保持剛剛的節奏感，依序往下。

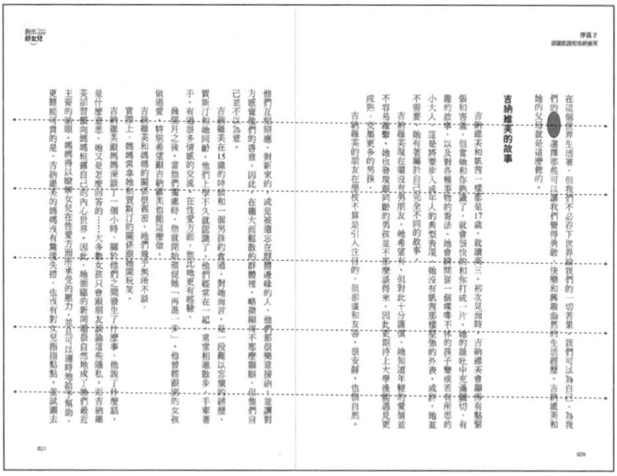

示意圖八：直接跳到第三行，繼續保持剛剛的節奏感，依序往下。

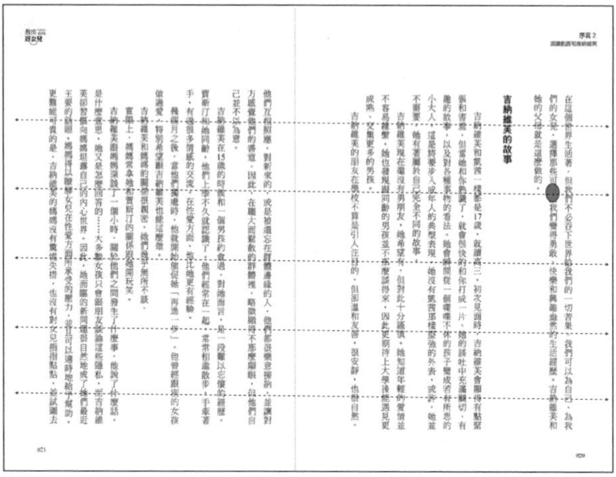

(二) 亦可把第六章練習一到八用在此處，即可組合成不同的視線路徑，例如「視覺落點」落在第一行與第二行中間，一次看二行。

清康熙二十二年（西元一六八三年），將台灣納入版圖，

。

政治中心移到現在的台南市區，本城改為軍裝局。同治十（西

元一八七一），英國軍艦砲轟城堡，軍火庫中彈爆炸，城堡被

。

毀，之後滿清未加修繕，逐漸斜塌。清光緒元年（西元一八七

五），沈葆楨搬已傾毀的熱蘭遮城磚石建造億載金城，安平古

。

堡，今之城堡是日據時日人所仿造者。古堡台基所用的大磚，

。仍然是荷蘭人當時自爪哇殖民地運來的。

(三) 可以將視線路徑改成一行正著看，一行倒著看。

清康熙二十二年（西元一六八三年），將台灣納入版圖，政治中心移到現在的台南市區，本城改為軍裝局。同治十（西元一八七一），英國軍艦砲轟城堡，軍火庫中彈爆炸，城堡被毀，之後滿清未加修繕，逐漸斜塌。清光緒元年（西元一八七五），沈葆楨搬已傾毀的熱蘭遮城磚石建造億載金城，安平古堡，今之城堡是日據時日人所仿造者。古堡台基所用的大磚，仍然是荷蘭人當時自爪哇殖民地運來的。

(四) 很難克服心讀（默讀）的人，或許試試把文章倒著讀。
有些人可能會發現自己此時更容易抓出關鍵字。但此法並非人人都適用。

清康熙二十二年（西元一六八三年），將台灣納入版圖，政治中心移到現在的台南市區，本城改為軍裝局。同治十（西元一八七一），英國軍艦砲轟城堡，軍火庫中彈爆炸，城堡被毀，之後滿清未加修繕，逐漸斜塌。清光緒元年（西元一八七五），沈葆楨搬已傾毀的熱蘭遮城磚石建造億載金城，安平古堡，今之城堡是日據時日人所仿造者。古堡台基所用的大磚，仍然是荷蘭人當時自爪哇殖民地運來的。

一 快速瀏覽

用兩三分鐘的時間，快速地瀏覽過所有文字，只是大概要知道內容在講什麼，初步了解一下大綱，以便稍後找出作者的重點所在。

到底「快速」有多快呢？**只要發現眼睛有看到字，卻不知道這到底是甚麼字的時候，就是我們要的速度**。

瀏覽的目的在於了解整體概念，如果時間超過3分鐘，那就不是瀏覽而是閱讀。就像拼圖一樣，有了整體的圖像，再依據圖像來決定要先從哪一個部分拼起。

二 圈出重點

用第八章所教的閱讀方式，快速地重新閱讀一次文章，展開你的潛意識，運用直覺幫助你選擇關鍵字詞，並用筆（螢光筆）將關鍵字詞圈選、標記出來。千萬不要為了選擇要標記哪一個字詞，而降低速度或刻意地閱讀每一個文字。在練習過程中，也不要為了標記漂亮，而花時間在圈選的動作上。

當速讀能力提升後，記憶力會增加，試著不用筆圈選，而是在心中默記關鍵字的位置。

三 重覽重點

這一遍的閱讀不是將整篇文章再讀一遍，而是忽略其餘的文字，只將視覺落點落在剛剛所圈選的關鍵詞上。

只「看」圈選的關鍵字詞，而不是「讀」。**在看關鍵字詞時，眼球同樣保持快速移動，不要去想「我到底看到了甚麼？」**將理解的工作交由大腦的潛意識組合出完整的邏輯。就像四色印刷技術一樣，每次印一種顏色，當四色全印完，完整的畫面也就出現了。

第2與第3步驟**必須大膽地抛開固有觀念：「一定要『讀』到每個文字或擔心漏掉一些關鍵字詞。」**只要能拋棄這兩種固有的觀念，當第3步驟完成後，自然會發現雖然沒有仔細閱讀每一個字，但腦中仍有吸收到。**你愈不擔心這兩個問題，潛意識愈沒有被壓抑，所理解的內容會愈多。**

試著回憶剛剛所理解的內容，以圖像式的筆記作紀錄，看看還有哪些不足的地方，可以回頭挑出該部分的關鍵詞再閱讀一次。

寫不出的地方，就是在快速閱讀時沒有理解的部分。這個步驟能檢驗自己的速讀成果。

愈是經常練習這樣的方法，自然就會發現，不僅閱讀速度加快，但所理解的內容反而愈多。

試著回憶剛剛所理解的內容，以圖像式的筆記作記錄，看看還有哪些地方不足的，可以再回到步驟3，重覽一次關鍵字詞，然後再補齊圖像式筆記內容。最多只能補二次。超過二次就變成「精讀」而不是「速讀」。

POINT
本章架構

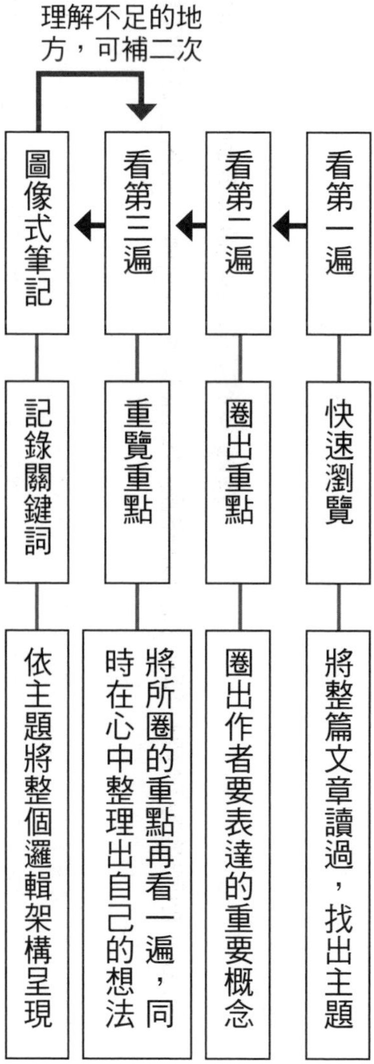

四 自我驗證理解程度

剛開始學習速讀時，需要驗證自己的理解程度，好發覺自己閱讀上的弱點。

方法一

檢查自己所做的筆記，是不是能以簡單的圖形來表示重點之間的邏輯關係。再回頭跟原文比較，有哪些重點之前沒有注意到。

方法二

請一樣讀過這本書的朋友考考你，抽問你幾個重要的問題。比較雙方對於重點的認知是否有所不同。

方法三

自擬幾個問題來考自己能不能完整回答出來。

10 學後測驗與檢討

學後測驗

變富翁的關鍵2394字

在討論怎樣變成有錢又幸福之前，我想先就財富、富裕、富翁，幾個名詞做定義，讓我們的努力目標能更明確點。

財富：可以是具體的金錢、物質，也可以是抽象的美麗、幸福、健康、美滿家庭。能讓人感到滿足與快樂的事物都算。

富裕：一種以金錢來衡量的主觀感覺。與收入的多少無關，與使用金錢的方法、對金錢的滿足感有關。可以說是擁有財富的一種感覺。

富翁：一種以金錢多少來衡量的客觀標準。

在20世紀，非得當上「富翁」才能擁有「財富」、「富裕」。

在21世紀，財富、富裕、富翁三者愈來愈沒有對等關係；要擁有富裕感覺，不一定是富翁的專利；要擁有財富的感覺，也不一定要透過金錢完成。

如果沒有辦法體會財富、富裕、富翁三者之間的差異，那麼在追求致富的過程中，免不了產生角色與方法的錯亂。

M型化的社會中，連幸福的感覺也呈現M型化。

很多「非」有錢人說：「如果我有一千萬就好了」、「如果我中了樂透就好了」一付「沒有錢萬萬不能」的態勢，另一方面卻又接受「金錢不是萬能」的想法。

99％的大富翁、小富翁、不是富翁，都是在這樣的心理狀態下擺盪，而遲遲無法發揮出自己的能力，進而失去了改變自己生命軌跡的機會，或是讓幸福短暫停留後又走了。

富翁跟窮人的差異

窮人並不感覺時間就是金錢，對錢的感覺不等於對時間的感覺，所以窮人認為需要的是錢，而不是需要時間。因為窮人恐懼失去金錢的程度遠遠大於富翁。

在開放市場中的各種致富工具，窮人不是完全陌生，就是只懂皮毛（甚至不懂裝懂）。富翁願意投入時間去了解或是找到專家幫忙打理。

窮人不一定沒有方法，但沒有方法的一定是窮人。窮人渴望成為富翁，卻對成為富翁的過程戒慎恐懼。

於是乎書店談錢、談理財、談投資、談金融的書與雜誌，總是暢銷排行榜常勝軍，來自於窮人持續不斷地對致富的想像。

固定花時間去學習是成為富翁最好的工具

我在青島工作時，從農村來的員工要做一張海報，怎樣做就是沒有辦法達到我的品質要求，怎樣看就是感覺廉價，當時我很想乾脆換別的員工來做算了，不知怎麼地突然一想，我常常在告訴學生腦中背景知識不夠的人，常常會聽不懂別人的用語與誤解別人的意思，我居然忘了這些農村來的員工，農村物資缺乏，即使是大學畢業，也根本沒有見過台灣製造的品質，所以不知道甚麼程度才叫好品質。

於是隔天我約所有相關的大陸員工到專賣進口名牌貨的百貨公司去Window Shopping，讓他們明白甚麼叫做好品質、好品味、高級感。果然，這個農村員工以後自己會懂得怎樣去欣賞別人好的設計，所做的海報也愈來愈有一定水準了。他的努力求進步也得到加薪了。

農村員工的例子，讓我深深感受到，沒有依循標準，是達不到目標的要求的；沒有背景知識在腦中，是難以激盪出解決問題的火花的。

固定花時間去學習是最好的解決問題的工具，也是晉升有錢又幸福的階梯。

知識愈多可以運用的範疇也愈多，自然能產生更多的賺錢能力與機會。中國人說：「天時地利人和」，機會點產生時，有沒有能力掌握？所以說：「機會是留給準備好的人」。

中國人又說：「時勢造英雄，英雄造時勢」，因為準備好了，不管是「兵來將擋」、「水來土淹」，總能找出一條屬於自己的道路。

我從小就愛看書，奉行「知識就是力量」為精神指標，加上天生的好奇心、追根究柢的科學精神，（總算對得起我高中的物理化學及生物老師了！）有任何一點點的疑問，我常常在前輩身上或書籍中找答案。

看過的書愈多，發掘一個有趣的現象：

有錢又幸福的人通常都愛學習；

愛學習的人不一定會有錢；

沒錢或是自覺不幸福的人，一定不愛學習或是學習的廣度不足、深度不足。

會賺錢不等於會處理金錢

二〇〇八年末正值金融大海嘯盛行，讓日本名唱片製作人小室哲哉的破產與詐欺罪變得一點都不怎麼樣了；小室哲哉手中共創造一億七千萬張ＣＤ總銷售量，曾經賺得日幣一百億的財產（約台幣33億），12年後不僅散盡所有財產，最後還犯下日幣2000萬（約台幣670萬）的詐欺罪。

進入教育培訓業後，很多老闆、上市公司高階主管、直銷、保險人員來上課，很多人穿著光鮮亮麗。十多年下來，觀察這些很會賺錢的人（平均月收入15萬以上），另一項有趣的現象出現了：

這些很會賺錢的人，維持10年高收入下來，90%以上還是不斷地為錢不夠用而傷腦筋、不斷地為工作擔心、不斷地抱怨生活。問題出在哪裡？

問題就在於，錢是有形的、有數字高低的、可以拿來交換東西的，於是我們很容易將所有問題的解決答案都歸為錢的問題，以為只要有了錢，彷彿所有的人生問題都解決了。因為，會賺錢不等於會處理金錢。

「我對錢不感興趣。」「投資有風險。」完全貶低錢的價值、說錢是罪惡也不對，生活中沒有錢的確是寸步難行。或完全忽略現實、酸溜溜地說：「錢不會帶來快樂」、「錢不是一切」也只是對了一半。

現在有一種奇妙的現象：有些窮人在口頭上不在乎錢，但在面對利益好處時卻傾全力爭取；富人愈是想盡辦法去賺更多的錢，從事公益事業時卻可以一擲千金。

每次樂透連續槓龜時，總是引起更多人瘋狂買進彩券，希望一夜致富，「如果中了頭彩那就好了」，好像這筆錢能解決他所有人生的問題。很多人都聽過有關樂透得主的老故事：世界上的樂透得主幾乎在中獎後的三年內，把所有的彩金全部花完或是賠光。

這個故事的結論就是不懂得用錢的價值與運用方法的人，即使給他超過五輩子收入的金錢，最後仍然是窮光蛋一個。

人生有四大需求必須被滿足，物質、社會、心理、精神：

物質的需求必須透過金錢的運用來滿足。

社會的需求透過信用、愛、歸屬感來滿足。

心理的需求來自於學習成長的滿足。

精神的需求透過自我實現、助人的過程得以滿足。

四大需求必須皆被滿足，我們才會產生幸福感。所以人生不是像天平式的求左右平衡，而是應該像PIZZA一樣的分布，每一片PIZZA都要有相同的餡料，這樣才能時時都感到幸福又富裕。

事實上，有錢人想「怎樣才會有錢」，非有錢人想「等我有錢就怎樣」。富翁不需要等到成為富翁，就已經在進行愛、學習、發揮影響力。在實現財富自由的過程中，也會同時建立知識系統、幸福系統來滿足愛、學習、發揮影響力。

學後測驗題

（　）1. 富翁是

A一種以金錢來衡量的主觀標準　B一種以金錢來衡量的客觀標準　C以上皆是

D以上皆非

（　）2. 財富是

A具體的東西　B抽象的東西　C以上皆是　D以上皆非

（　）3. 富裕是

A一種滿足感　B與收入多少有關　C以上皆是　D以上皆非

（　）4. 一付「沒有錢萬萬不能」態勢，另一方面卻又接受「金錢不是萬能」想法的是

A有錢人　B沒錢的人　C以上皆是　D以上皆非

（　）5. 晉升有錢又幸福的階梯的第一步要

A自己開公司　B找到好員工　C固定花時間去學習　D以上皆非

（　）6. 知識愈多可以運用的範疇也愈多，自然能產生更多的賺錢能力與機會。這個想法是

A對　B錯　C看情況而定　D以上皆非

（　）7. 固定花時間去學習是
A最好的解決問題的工具　B晉升有錢又幸福的階梯　C以上皆是　D以上皆非

（　）8. 有錢的人通常都是
A愛學習的　B會處理金錢的　C以上皆是　D以上皆非

（　）9. 將所有問題的解決答案都歸為錢的問題的人是
A有錢的人　B非有錢人　C以上皆是　D以上皆非

（　）10. 物質的需求必須透過
A金錢的運用來滿足　B信用、愛、歸屬感來滿足　C學習成長的滿足　D以上皆非

（　）11. 社會的需求透過
A金錢的運用來滿足　B信用、愛、歸屬感來滿足　C自我實現、助人的過程得以滿足　D以上皆非

（　）12. 心理的需求透過
A學習成長的滿足　B信用、愛、歸屬感來滿足　C自我實現、助人的過程得以滿足　D以上皆非

（　）13. 精神的需求透過
A學習成長的滿足　B信用、愛、歸屬感來滿足　C自我實現、助人的過程得以滿足　D以上皆非

（　）14. 人生像
A天平　B披薩　C以上皆是　D以上皆非

（　）15. 窮人重視
A金錢＜時間　B金錢＞時間　C金錢跟時間都很重視　D以上皆非

（　）16. 哪個是有錢人的想法
A怎樣才會有錢　B等我有錢我要怎樣

（　）17. 富人相信
A積沙成塔、積少成多　B小錢看不上　C一夜致富　D以上皆非

（　）18. 窮人相信
A所有問題的解決答案都歸為錢的問題　B小錢看不上　C以上皆是　D以上皆非

（　）19. 在20世紀的富翁
A一定同時擁有財富、富裕　B不一定同時擁有財富、富裕

（　）20. 在21世紀

A財富、富裕、富翁三者絕對是對等關係　B要擁有富裕感覺，一定是富翁的專利　C要擁有財富的感覺，不一定要透過金錢完成

（正確答案請見本書227頁，每題5分，請將測驗結果紀錄於第63頁。）

根據第63頁的測驗紀錄，對照下圖，請看看你是屬於哪一類的結果？

	理解率增加	理解率減少
閱讀速率增加	**A 恭喜你進步！**	**B 放輕鬆，別緊張**
閱讀速率減少	**C 還有進步空間**	**D 不良習慣未改掉**

A型

屬於閱讀速率與理解率都增加，表示已經克服閱讀的不良習慣。恭喜你！繼續自我訓練下去，每分鐘一萬字以上對你不是問題。

B型

屬於閱讀速率增加，理解率卻減少，這表示已經克服閱讀的不良習慣，但是對於內容的重點掌握還不夠，因此有些重點沒有注意到或是不認為那是重點。當然閱讀不熟悉的文章時也會出現這樣的結果，只要增加閱讀主題的廣泛度，愈多的閱讀，理解力愈高。請回頭多加閱讀第七章。或是閱讀時不夠專心也會有這樣的結果，這時請重讀第四章。

C型

屬於閱讀速率減少，理解率增加，雖然一次的測驗不能代表過去幾天來的練習結果，但這仍表示過去的練習還不夠，有些不良習慣沒有完全被去除，偶爾還是會跑出來干擾你。請回頭多加閱讀第五、六、八、九章。有時候我們會因為測驗而產生心理緊張，這樣也沒有辦法集中注意力閱讀，這需要多加練習636集中法，在每次閱讀之前都做一次來放鬆自己。

D型

屬於閱讀速率與理解率都減少，表示閱讀的不良習慣沒有被克服，這可能是練習的不夠或是練習的時候用錯了方法所造成的。請回頭多加閱讀第四到第九章。

練習題庫與紀錄表

第一天　政治

546字

光是對政客的批評與謾罵，就可以維持一小時的熱烈談話。確實，很難找到比政客更好的批評話題對象了，不是嗎？

即便如此，我還是認為政客有其存在的意義。

對年收入400萬日圓的人來說，

摘自《變得有錢養成術》／千田琢哉◎著

年收入400萬日圓的人是

反射動作般覺得政客就是沒用。

年收入1000萬日圓的人是

有條理的說明為何認為政客沒用。

年收入3000萬日圓的人是

「政客＝沒用」是一種反射動作似的批評反應。

即使自己不是很了解情況，但總之先將某個人判定為壞人，便能夠使自己安心。

年收入1000萬日圓的人，會有條理地整理出目前政治上的問題點並侃侃而談。但就算這樣，他們仍然缺乏足夠的勇氣與行動力，無法就此辭去工作，親自參與政治實現自己的論點。

而年收入3000萬日圓等級的人，則相當能夠理解：政客的存在就像汽車方向盤的游動間隙，是人類社會中的一種必要之惡；正如同方向盤必須維持游動間隙，以稅金來養這些政客也是可以理解的。

稍微研究一下歷史就可以發現，沒有多少政客可以稱為優秀的政治家；優秀的政治家，往往是該時代下偶然應運而生的時代寵兒。不論如何優秀的人才，一旦踏入政客的世界，必然會捲入金錢與權力的鬥爭之中。在國民的罵聲之中，趕著削減壽命般以分來計算的行程表，過著為了迎向下一次選舉、而拼命鞏固根基的每一天。

或許我們對於這種名為政客的累人工作，可以多加了解一點。

年收入3000萬日圓的人是

認為自己是養著政客的人。

第二天 為什麼推薦波爾多產的葡萄酒作為日常飲用餐酒，其理由是？ 576字

摘自《男人和女人的葡萄酒》／伊藤博之、柴田早苗◎著

說到白葡萄酒的醍醐味，當然非酸味莫屬。

水果與蔬菜最新鮮的時刻，就是剛摘下來的時候，這是理所當然的常識。由於葡萄酒由葡萄所釀造而成，也可算是一種農產品，以同樣的原理來說，越新鮮的葡萄越能感受到果實的風味。年輕的葡萄酒擁有新鮮的氣味、俐落暢快的躍動感，還能感受到年輕而生氣蓬勃的酸味；雖然和高級白葡萄酒的酸味不一樣，但如果想在平價白葡萄酒中尋求酸味，請儘量挑選生產年份較年輕的葡萄酒，這就是我推薦的理由。

超市或超商裡販賣的波爾多葡萄酒，大多數的酒標上只標示著地方名。正如我們在第3章裡討論過的，酒標上只標示地方名就表示這瓶酒是混合該地區各處的葡萄所釀造而成。波爾多地方最有名釀酒葡萄品種是卡本內．蘇維儂，不過以栽種面積來說梅洛才是大宗。所以平價的波爾多葡萄酒，即使酒標上沒有標明葡萄品種的比例，也可以知道梅洛的佔比必然比較高。也就是說，我們可以直接認為，在超市與超商販賣的波爾多葡萄酒多數都以梅洛葡萄

為主。

談到梅洛葡萄，它呈現紅葡萄酒標準風味的一個品種。果實味、辛辣味、酸味、澀味間的平衡相當好，其味道大多樸實而直接。

不論是想要感受紅葡萄酒的標準味道，或是怕喝到果實味或酸味太突出的葡萄酒而難以接受，在超市及超商裡購買葡萄酒時，毫無疑問地波爾多葡萄酒會是最好的選擇。

另外，它樸實而中庸的味道，由於不會影響對多數料理的味覺感受，也是適合用來搭配菜餚的一項優點。

第三天　除非巨變　否則人永遠不會想要改變　695字

A朋友最近跟我抱怨，現在換了一個老闆來管事，感覺到這個老闆不斷刁難老員工，想要逼領較為高薪的老員工走，然後再換一批便宜的新人進來，朋友已經工作了10年，薪資算是不錯的，所以很害怕不知道哪一天老闆的裁員大刀會向自己揮過來。

A除了手頭上工作熟練之外，其實懂的東西還不夠深入，萬一被裁員了要找到相等薪水的工作幾乎是不可能的事。因為A的薪水是用他的加班工時跟年資換來的。

其實過去5年來我常常邀約A下班後跟我去聽演講，但是他總說：「今天很累，我想要回家。」不然就是說：「我想要去參加同事的聚餐。」「我想要跟同事去逛街。」總之，他每次都有各種不同的理由來拒絕我的邀約。

讓我不禁想起另一個朋友B，當初B的前男友提出分手要求時，B不甘心多年的青春就這樣白費了，但是不甘心又怎樣，男人心一橫了是誰也攔不住的。吵吵鬧鬧拖了半年，還是分道揚鑣了。要B的心中完全忘了這個前男友是沒有那麼容易的，所以這個前男友不斷地回來找B幫他處理一些事情，B總是很有耐心的聽他說話並且提供意見給他。在B的心中還是認為等待下去或許可以讓這個男人回頭。

不管是A還是B，都證明了人永遠都不想要改變，除非是被環境逼著非變不可。我們要改變自己都很難了，更何況是想要改變他人呢？

人可分成先知先覺、後知後覺、不知不覺。

先知先覺者願意主動去尋求改變自己；

後知後覺者需要知道為甚麼要改變後，才會付出行動去改變自己；

不知不覺者，是屬於不得不改變者，即使知道為什麼要改變但還是不想去改變自己，除非大難來臨時才會不得不改變。

人本來就是習慣的動物，有行為上的習慣、思考上的習慣，學習也是改變自己的習慣，聽到知識並願意付諸行動依照老師所教的方法去改變自己的思考習慣，一定會一天比一天更好。

第四天 上課筆記與練習筆記的注意重點 747字

摘自《讓孩子主動讀書的37個習慣》／高濱正伸◎著

上課筆記與練習筆記，都是低年級開始就會使用到的筆記。

上課筆記就如字面上所表示的，是上課時抄寫使用的筆記，沒有制式的抄寫方式。只不過，有幾個需要特別注意的要點。

其中最為重要的一點就是，必須完全了解老師上課講解的內容後，才將之抄進筆記本裡。如果沒有充分了解上課內容，即使想照抄寫下老師黑板上寫的東西，也只會留下零零碎碎的跳躍式內容，筆記本依然光潔空白。「咦？！老師上課的講解只有這些嗎？」請注意避免留下會讓人忍不住問出這句話的筆記。

而比零碎內容更糟糕的狀況，就是乍看之下整齊完整地抄下了老師黑板上的筆記，然而事實上腦子裡一點內容都沒吸收。我個人稱之為「埋頭苦抄病」，從頭到尾只是埋頭苦抄黑板上的東西，卻從來沒有理解過這些筆記的內容。換句話說，手雖然動作著，腦子卻沒思考。

這種「埋頭苦抄病」只看筆記內容的話，通常很難發現，所以媽媽們在檢查孩子筆記本的時候，不妨三不五時「這一段在說什麼呢？教一下媽媽吧」這樣請孩子解說，如此一來就能確認孩子是否得了「埋頭苦抄病」。

談到練習筆記，通常是為了數學的計算問題、以及國文的漢字練習等目的而使用。漢字練習中的橫、豎、撇、捺等筆順寫法，需要保持一定程度的整齊與仔細；而**數學使用的練習筆記則完全不需要在意整齊與否，就算頁面上看起來有些雜亂也無所謂，對計算題來說速度才是最重要的。**

寫數學練習題有時會發生計算錯誤的狀況，針對錯誤要進行訂正時，只要將錯誤答案打一個×在一旁寫上正確答案即可，不須要用橡皮擦等工具把錯的答案擦掉。重點是要將錯誤的答案留下來。

之所以特別將錯誤的答案留下來，是為了讓孩子自己思考為什麼在這裡會發生錯誤，接著將這個思考轉化成記憶吸收進腦袋裡。筆記本最大的作用，並不是單純地紀錄東西，而是作為「思考工具」協助學習成長，請各位父母要記得將這一點告訴孩子。

第五天

複習筆記，是增進學習能力的最強幫手　771字

摘自《讓孩子主動讀書的37個習慣》／高濱正伸◎著

孩子升上高年級之後，能夠在增進學習能力上發揮最大力量的幫手，就是複習筆記了。在各種類、各用途的眾多筆記之中，說是最強筆記也不為過。

複習筆記一般以數學或理化等，需要清晰思考的數理科目為主要使用對象。除了**記錄題目內容與正確解答**之外，還有兩項非常重要的要點也必須寫在筆記中：

①遇到解不出來的題目時，記下解不出來的原因。

②不論是否正確完成題目，都要記下自己從這題中學到的東西。

要點①中所說紀錄解不出題目的原因，並不是像「還不太懂所以寫不出來」這種沒頭沒尾的寫法；而是必須具體地將原因寫下來，例如「沒有考慮到可以用平面圖的角度來看這個問題」這樣，才是正確的寫法。

要點②亦同，如果光是寫下「我學到下次要更努力」這種內容是毫無意義的。必須像「忘記了遇到圖形問題必須從三角形的方向思考才能解題」這樣，將公式與解題模式等一定要記得的內容，具體地寫出來才可以。

在複習筆記裡寫下自己無法解題的原因與學到的東西，必須先正面審視自己的錯誤與弱點，這是一項沒有認真思考過就無法完成的作業。對低年級學生來說，這項作業可能還有些困難，不過高年級生應該就漸漸可以辦到了。

一旦孩子升上小學5年級，就會開始有意識地審視過去發生的事、提醒自己不可重蹈覆轍，**而在這種「心靈的成長」時刻，可以發揮最大幫助力量的，就是複習筆記。**

讓孩子在複習筆記上，在1週後、以及1個月後，經過一段時間後多次重覆挑戰答錯的題目；挑戰成功了就在筆記的邊角註記一個○、如果再次挑戰失敗就打一個×，等到集滿三個○，就可以認為孩子對這一題的理解與思考過程已經確實滾瓜爛熟了。

在準備中學入學考試時，複習筆記也能夠發揮相當大的作用，它可以避免考生在複習的時候錯漏了某些學過的內容、或是忘記複習某些不擅長的部分。即使面對的不是中學入學考試，複習筆記在**協助避免「搞不懂」以及「假裝聽懂了」這兩個問題上，也是非常重要的一種筆記方式。**

第六天 時間管理

779字

有人常大歎：我工作壓力好大哦！工作壓力的背後，多數是無法有效掌握時間所造成。「不善於分配時間的人，經常都感到時間不夠用」。富人窮人一樣一天有24小時，時間過去了，拿再多錢也換不回來流失的時間。

「時間」有三大特質，無法被「替代」、不能「增減」、無法「儲存」。所以更需要進行有效的時間分配，才能真正達到自我理想，建立自我形象，進一步提升自我價值。每一個人皆擁有一天24小時，而成功的人單位時間之生產力則明顯的較一般人高。怎麼樣才能善用時間呢？這是過去十幾年來時間管理專家所試圖解答的一個問題。

早期的時間管理＝速度管理、效率管理

很多人把「做事」和「績效」混為一談，每天浪費時間在芝麻小事上，把自己累到筋疲力竭，卻毫無績效可言。傳統的時間管理，著重於提升效率與速度，教你用12小時做完24小時的事，實行一段時間之後，又陷入了事情愈來愈多，時間愈來愈少的窠臼內，畢竟提升工作效率是治標不治本的方法。從第一代強調「備忘錄」，第二代強調行事曆＋記事本，第三

代強調訂立計劃表，都是教你如何壓縮時間、擠出時間，反而，讓你落入「忙」、「盲」、「茫」症候群。

新的時間管理＝管理人生

時間不能被管理，只能被分配。我們要管理的不是時間，而是我們自己，是對自己價值觀、對自己狀態、對自己行為習慣的管理。如果拋開這些根本而去談一些時間管理技巧的話，那只能是治標不治本的。

新的時間管理＝花80％時間思考，用20％的時間一次做對

帕瑞圖提出80／20法則。少行動，多思考，因為20％的關鍵大事必須一次做對，否則漫長的追蹤和修正，可能會花掉80％的時間。把20％的時間精力，投注在可以獲得80％總成果的事情上，如此80％的成就，只需要花20％的時間，其餘就是休閒時間。

世界上重要事少，不重要事太多，做了不重要的事，等同於浪費時間，結果投入80％的努力只換來20％的幸福，一點都不值得。如何用最少力獲取最大報酬，破除「一分耕耘，一分收獲」的舊思維，才是聰明工作者。

第七天 靈性、心理、身體 809字

前幾年大家的心理生病了，過勞、胃潰瘍、頭痛等身心症正流行著……這幾年連大家的靈性層面出了問題，引至心理層面也生病了，憂鬱症正席捲著全球的人類……

《一生必讀的100個睿智故事》（晨星出版）書中提到一則西方傳說故事：

宇宙剛開始的時候，神決定把自己隱藏在祂自己的創造物中。「我必須藏在一個不容易被發現的地方，因為當人類花心思去尋找我的時候，他們的精神跟智慧都會有所成長。」

正當神在思考怎麼做時，天使們問了：「為何不把自己藏在地底深處呢？」

神想了一下：「不行。他們很快就知道開挖土地來發現地底的寶藏。太快讓他們找到，他們不夠時間成長。」

天使又問：「神啊！那你為甚麼不藏在月亮之中呢？」

神馬上說：「不行！雖然這會需要他們多花一點時間，不過不久後他們就能上了太空，登上月球。在他們沒有足夠的時間成長前，他們就會找到我。」天使想不出到底藏哪裡比較好了。

一個最小的天使說：「我知道了！為什麼不把自己隱藏到人類的心中呢？他們不會想要去那裡尋找的！」

「就是那裡！」神很高興找到了理想的藏身之處了。

於是神就祕密隱身於人類的心中，直到人類的心靈跟智慧夠成熟了，他們才能開啟進入自我內心深處的偉大旅程。在那裡，人類會發現他們的神，然後在此與神在一起。

這幾年全球都流行起回頭注意自己的身體，關心自己身體的反應，從身體反應來重新了解自己的內心或是放鬆心情，於是瑜珈、舞蹈、按摩的課程很熱門。這股風潮我給他命名為「用身動來了解心動」。

其實追本溯源的話，身體反應是我們身為一個人最低層次的表現，身體為何動？是因為心理想要動，於是大腦下命令叫身體動。而心理又受到更高層次的靈性所主宰。

「用身動了解心動」的做法，是倒果為因的方式，就像以為是因為身體胖，所以變得愛吃，拚命去想辦法減肥，卻不想辦法讓自己變得不愛吃一樣，本末倒置了。

這股追求身體動的風潮，遲早會走到末路。因為大家最後還是會發現，身體動了，可是心裡的意念怎麼沒有產生更多的智慧，遲早要回歸靈性的修為的。

第八天 為什麼放下工作看起來容易做起來難

838字

摘自《打造最佳的工作場所》／朗恩．傅利曼◎著

你下班後多久檢查一次手機？這個數字很可能透露了你未來的生產力。

二〇一〇年時《應用心理學期刊》（Journal of Applied Psychology）發表了一項研究結果，指出員工下班後越離不開工作，他們在未來十二個月內情緒耗竭（emotional exhaustion）的程度越嚴重。

一直和工作保持聯繫是一種癮頭，讓我們自覺被需要、掌握狀況、有生產力。電子郵件、簡訊與電話不斷湧進，營造出一種長期性的急迫感，引發大腦出現持續性的壓力反應。連續性的壓力有損我們的思考與感受。

吉姆．洛爾（Jim Loehr）是一位運動心理學家，指導過一些全球頂尖的運動員。在生涯早期時，洛爾孜孜不倦研究菁英網球選手的表現，希望精準找出使得這些人比別人更出色的理由。球員的發球、截擊或上網都不是關鍵差異，甚至連經驗或天賦都不是讓這些人脫穎而出的理由。重點是他們在各個得分點之間怎麼做。有些運動員比較善於緩和緊張、重新聚焦，這些人通常是最常贏得勝利的一群。

謹慎在工作與恢復之間求得平衡對運動員的心理來說很重要，對於要在工作上展現實體技能的員工來說也一樣。在這兩種時候，如果我們不給自己機會恢復，表現一定會受影響。

在很多組織裡，全年無休變成為未明言的期待。當經理人深夜發送電子郵件時，也就代表他隱隱認同隨時隨地備戰的工作文化，容許下班後的壓力溢入家庭，任唐突的電子郵件毀了一家的晚餐或週末假期。

無疑地，在很多情況下隨時保持聯絡確有其必要性，但企業很少需要每位員工隨時待命。此外，讓員工能夠安心休息、恢復，才符合公司的利益。如果有誰常常工作到深夜而且週末又加班，很可能會危及此人長期的敬業度。

過去經理人必須敦促員工更努力工作，但現在的情況剛好相反。在很多產業，留住一流人才的關鍵，還包括保障員工不要連續工作，正因如此，很多先驅企業開始自己主導這個議題，讓員工務必好好休息再充電，此外別無其他選擇。

就好比福斯汽車（Volkswagen），會在下班後三十分鐘即關閉電子郵件伺服器，在下一班上班前才打開。限制存取電子郵件的不只這一家公司。其他像芝加哥的賦權公關公司（Empower Public Relations）也施行攔阻郵件政策，因為這些企業發現，此舉有助於員工隔天神清氣爽地來上班。

第九天　演說魅力　867字

很多人都有過經驗，被老師叫起來發表意見時，馬上緊張起來，手腳冰冷、臉發紅、全身冒冷汗，頓時腦袋一片空白，不知道該從何說起，極力思索應該怎樣表達自己的想法。大家都不想在其他人面前出糗，所以每次老師要求大家發言時，總是把頭低下來，希望老師的眼光不要掃到這裡來。

這樣的緊張經驗，只要面對群眾說話，面對陌生的客戶，或是面對擁有權力的上位者，面試的主考官時，總是一再地發生，於是很多的千里馬，無法在必要的時刻正常發揮自己的實力，只好大歎「伯樂在哪裡」？

說話的能力與技巧，會影響一個人的人際關係、領導力、職涯發展、收入，甚至名聲。說話的重點在於不是你說了什麼、而是聽眾聽到了什麼才能成就一切。別忘了歐巴馬不是因有實際政績而贏得提名的，他憑的是演說魅力，以及華府圈外新鮮人的形象。這一點從歐巴馬創下電視演說最高收視人數的紀錄就可以看出來。（電視收視紀錄：美國總統候選人歐巴馬3840萬人，副總統候選人培林3720萬人，美國總統布希2760萬人。）

機會本來就是給「準備好了」的人，一個人說話的內容或是履歷表內容，僅占了7％的決定因素，另外的93%是展現出來的非語言表達，例如「緊張」、「自信」、「慌亂」、「猶豫」、「家庭教育」、「思考快慢」、「對場合的掌握」等等形於內而發於外的訊號。這些訊號會透過我們的眼神、手勢、姿勢、表情、聲音、語調所傳達出來。

一場充滿魅力的演說，常常具有下面八項的特點，從特點中可以發現除了第八項跟語言內容有關，其餘皆是一個人在發表自己想法時所散發出來的形象：

1. 塑造個人獨特風格，面對大眾表達的信心。
2. 有效擺脫面對群眾之恐懼，消除容易緊張的情緒。
3. 創造生動活潑，幽默風趣的反應。
4. 強化機智靈活的組織能力及臨場應變要領。
5. 有效掌握肢體語言的運用，倍增現場感染力與煽動性。
6. 合宜之表達方式與習慣。
7. 熟練如何掌握氣氛，適當發揮令人讚歎之技巧。
8. 迅速有效地組織表達內容，輕鬆上台自在開講。

演說是一種展現個人魅力、感染力及影響力的技術，可以透過習慣的改變、行為的改變，熟練這些充滿魅力的行為動作，來達成充滿魅力的演說形象塑造。你所需要的只是和聽眾產生連結，並將你的熱情傳遞給他們。

第十天 為什麼別人有辦法抓住要點發言

897字

摘自《具體與抽象》／細谷功◎著

一個人看事情的時候，究竟是只會從具體層級考量，或者會結合具體與抽象兩個層面思考？這一點，只要請對方針對500頁的書本進行「快速要點說明」就可以一目瞭然了。

如果要求一個只考量到具體層級事物的人，在三分鐘之內簡要說明500頁書籍內容的話，他們能夠選擇的做法僅有「時間太短了，所以只簡介前三章」或者「針對各章節開頭的部分節選說明」而已；同樣的，在進行「從一百份創意信封中精選創意點子」的活動時，若是要求他們以「三分鐘總結」進行結果說明的話，一樣也會造成他們的恐慌。其原因和先前的「500頁書本簡介」是相同的。

經過抽象化思考過程的人，在說話時就能夠整理出「要點是什麼？」並依據要點進行簡潔有力的對話。即使擺在眼前的資訊量非常龐大，也能夠在一件件的個別事物現象之間找出它們的「組成構造」將之萃取出來，讀懂並且思考其中的各種大小「訊息」。

由於這種「組成構造」與「訊息」雖然來自一個以上的複數階層，但由於全部皆集合在抽象階層中加以理解，因此當時間只有一分鐘時，就能相應地做出一分鐘的「簡要說明」；若時間有三十分鐘的話，也能恰如其分地完成符合三十分鐘長度的「簡要說明」。

面對一個一小時內30頁的簡報會議，如果用「逐頁精心呈現」的方式做準備，當遇到突發狀況「時間不夠了所以請在三分鐘之內說明完畢」時，便很容易在一瞬嚇得腦袋空白、脫口而出「怎麼可能」，或是陷入恐慌最後「只介紹前兩頁」，多數人的反應不外乎這幾種。

當面對大量的資訊情報時，最重要的一件事，便是將資料內容以抽象方式萃取出來，並在抽象層集中加以統整理解（如上圖）。

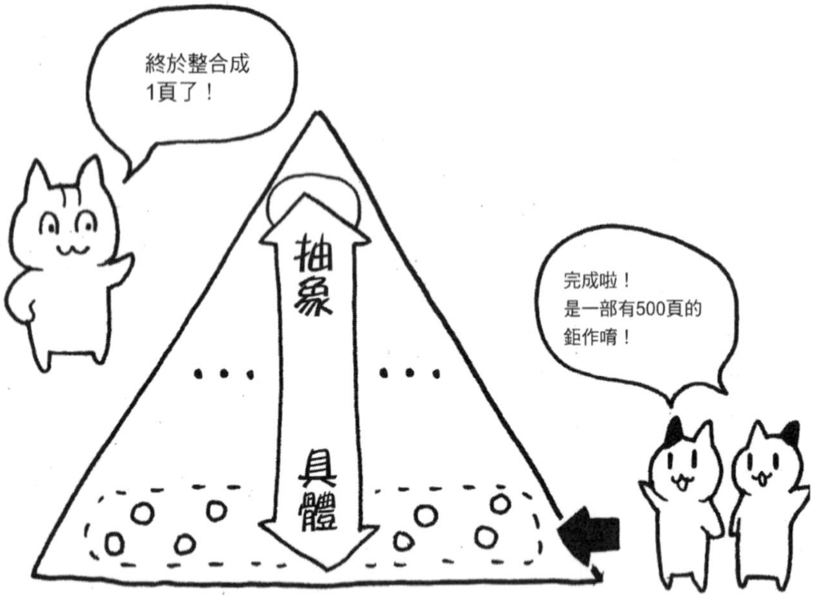

抽象化能力在使用網際網路蒐集情報時尤其有用，短時間內從網路的龐大資訊之中擷取出符合自己需求的情報並加以分析，這種場合正是抽象化能力可以大大發揮作用的時刻。依據各種場合情勢的不同目的，將事物現象區分為「樹幹」與「枝葉」，抓住真正重要的重點，以高效率處理所有情報資訊。接著，針對必要的內容以及對應的必要領域，再將精選過後的抽象概念完整放回具體層級之中。如此一來，就可以將結構複雜、看似渾沌難懂的事物現象以「經過限縮的視角」進行抽象化，先概略性地理解了大致架構後，就能夠準確地判斷出哪些部分是真正需要進一步詳細思考的要點。

第十一天　配置物品的原則　991字

摘自《喬治速讀記憶法》／喬治・斯坦格利夫、董麗燕◎著

隨手可得、容易發現的範圍

☑經常使用的物品要放在伸手能及的地方

將不需要的檔案（物品）清理完畢之後，需要保留的東西，就要配置好各個位置，才能發揮其功能性。

例如像是文具這類每天會使用到的物品，就要習慣性地放在伸手就能拿得到的地方。釘書機、剪刀、膠水、迴紋針、釘書針等細碎的小物品，就可以放進小盒子小容器裡集合起來，比較方便使用。

其他像是公司內外部使用的信紙信封、資料夾等，可以安排一個區塊專門放置這些東西。這些東西多少會有些占空間，建議和同組的組員一起設置一個共用區來擺放。

如果是每天都需要用到的東西，一一去尋找是非常浪費時間的事情。盡可能的不要浪費時間在這種事情上面。

工作守則、座位表等，需要經常確認的東西也要放置在離自己較近的地方。內容上沒有記載個人情報相關的資料，建議就加上索引標籤放在桌上，只要伸個手就能拿來確認內容。

再次強調，就因為是每天都需要使用的東西，所以更加不能浪費時間在尋找這類物品上。就算不是，一週至少要用一次的東西也應該要放在眼睛看得到的地方。

所謂眼睛看得到的地方，大約是5到10公尺左右的距離。工作用的資料、書籍、組員共同使用的紙本資料等都應該放在此範圍內。

☑將資料依照使用頻率擺放，並加上索引標籤

紙本資料大部分主要都是收在抽屜櫃裡的，故筆者在此僅針對抽屜櫃的使用方式做一些分享。

如同前文所說，要將資料收進抽屜櫃時，不僅要照使用頻率做擺放，更要在上頭加上索引標籤才行。

筆者也曾經有過慌忙之中沒有將資料加上索引標籤就放進抽屜櫃裡的情況，結果非常後悔。因為之後為了找一份資料，將全部的東西翻了一遍。必須將所有的資料夾從抽屜櫃裡拿出來，一個一個將資料抽出來確認是不是自己要找的文件。不用我說，花了非常多的時間。

幫資料加個索引標籤大概需要30秒的時間。但是比起之後要在堆積成山的資料中找一份

文件，根本只是一瞬間的事。

抽屜櫃大部分是兩層或三層式的。但不能將它全部塞滿。要保留一些空間，像是空出一層完全不使用，或是空出可以放一些個人物品左右的空間。

人有一種習性，有多少空間就放多少東西。常常因為東西多到放不下了就搬到一個較寬敞的房子，不知不覺間又陷入東西增加到放不下的窘境。

為了維持保留下來的空間，除了限制自己別無他法。

從現在開始該做的事

☑文具集結好放置在近身處。
☑每天都需要使用的東西，要放在伸手能及的地方；一週使用至少一次的東西，要放在眼睛看的到的地方。
☑共用的物品，要放在眼睛所能及的地方。

第十二天 職場環境

1050字

摘自《打造最佳的工作場所》／朗恩・傅利曼◎著

海豹部隊多常接下危險的行動？前任聯席會議主席穆倫之後指出，襲擊賓拉登的院落甚至不是當晚海豹部隊唯一一次的行動。有好幾個單位都出動執行危險程度相當的任務，有些甚至更危險。

大家或許不知道的是，除了本次這項特殊行動外，當晚在阿富汗還有多項類似的任務同步進行。有些人接到的任務比逮捕賓拉登還更加困難。我說更困難的意思，並非指策略上的風險更高，也絕對不是更重要的意思，而是實體上比我們的特別部隊所執行的任務更困難、更危險。

表面上看來，歐巴馬的決策核心似乎是總統應不應該讓海豹部隊置於險境，但實際上，海豹部隊總是身處險地，這項任務並未偏離他們的常態。大家都知道，入侵賓拉登的院落雖然危險，但還在海豹部隊的專業範疇中，就是這一點影響了歐巴馬的思維。

歐巴馬花了幾個月的時間處理這個議題，和各個顧問反覆辯證正反兩面，權衡政治上的錯綜複雜，評估軍事與外交風險。「從地面入侵」的決策，是長時間思考後的結果。雖然睡眠大有益處，但任何認真的科學家都不會認為休息（或是休息促成的無意識思考）可以合理取代尋找事實、審慎分析與從智性上進行審核等苦幹實幹的工作。

然而這個故事確實反映了一個習慣，處理大量數據並做出經常順利成功選擇的人有什麼樣的決策風格。

歐巴馬不會不眠不休，他工作時會收集資訊、評估選項，還有最重要的是，經常休息。每個星期，有六天他上工的第一件事是運動：維持四十五分鐘，重量訓練和強化心肺功能運動輪流。他會挪出時間玩樂，把籃球和高爾夫排進每週的行程裡。他會閱讀歷史和非小說書籍，但也閱讀文學、黑色懸疑作品以及現代詩集。在第一任四年的任期裡，歐巴馬休了一百三十一天假，平均一年休假超過一個月。

「會放到我辦公桌上的，都是無法妥善解決的事。」歐巴馬在二〇一二年時對《浮華世界》（Vanity Fair）的麥可．路易斯（Michael Lewis）說，「若非如此，早有其他人解決了。因此最後都要用可能性來面對問題。你所做出的任何決定，最後都有三到四成的機率會失敗，你必須擁有一套自己的決策系統，而且必須能自在地面對。」

就算不是美國總統，我們每天在工作上也要面對類似的不確定性。通常日常生活中充滿著複雜決策，怎麼樣都看不出來正確的解決方案該是什麼。雖然我們做的決策不會決定自由世界的命運，但這並不表示我們可以比較不嚴謹。

也因此，我們可以知道「聰明思考」與「休息一下」並不相違背，反而還很有幫助。而事實上，有很多範例告訴我們，想要有出色的工作表現，最有效的方法就是停一下。當事情太過複雜，努力工作可以播下種子，總有一天會長出出人意表的想法，但偶爾分心一下，更能讓這些種子開花結果。

第十三天　提高練習量，卻遭受重大挫敗　1149字

摘自《用最小限度的練習，馬拉松也能愈跑愈快》／中野・詹姆士・修一◎著

我跑出個人的最佳成績，是在二〇〇八年的東京馬拉松比賽中，氣勢正盛的我，設定目標要在隔年的東京馬拉松跑進三個小時之內。

3個小時之內的比賽配速是每公里4分15秒，於是我在練習時就設定較快的速度為每公里4分10秒。然而，儘管每次練習都能跑完，跑完之後卻已經完全沒有餘力了。現在回想起來，完全就是過度訓練。但是當時卻想著「只要這樣一直練習下去，總有一天會變得輕鬆」，讓自己賣力地跑著。

當時的練習量比以前更大，每個月的跑步距離多達300公里。單月的跑步距離要是超過200公里的話，受傷的可能性就會提高，所以一個月跑了300公里，已經到了危險範圍。平日的話大概是一次跑10公里，到了週末約是30公里。身為專業的體能教練，鎖定隔年的東京馬拉松，可以說是千方百計採取了各種對策。

然後正式迎接隔年的東京馬拉松（幸運抽中了籤）。照理該是萬無一失才對，結果卻嘗到了從未體驗過的痛苦滋味。完賽的時間是3小時23分，別說要刷新個人最佳紀錄，比起前一年的成績還要慢上10分鐘，成了一次慘敗的比賽……。拚命努力、忍受著辛苦的練習，還增加練習量，沒想到成績卻比以往還差。再沒有別的事能夠讓我身為專業人士的自尊如此受傷了，我感到十分沮喪。

同時，曾經如此熱愛的跑步卻讓我感到痛苦。我心想「這樣下去不行」，於是接下來的一年之間，我停下一切追求速度的練習，跑步時不戴運動錶，也不去考慮配速。跑累了就停下腳步無妨，或者一邊聽著喜歡的音樂輕鬆自在地跑，都沒有關係。因為做了這樣的決定，才讓跑步又重新成為一項愉快的事。

我個人因為太過拚命地想要跑進3小時，好在東京馬拉松上雪恥，結果陷入著重距離的過度訓練。如此不僅導致表現不佳，甚至連帶地奪走了跑步的樂趣。我想大概有很多中、高階的市民跑者和我一樣，為了突破3小時這個整數目標，把練習量一直增加到接近自己的極限吧。

我後來又戴上手錶，重新開始正式的練習。儘管沒有拋棄跑進3小時的目標，不過在接納自己的個別性之後，我想下次的比賽要是能先跑進3小時9分就好了。如果能夠階段性地提升成績、最終達成3小時以內的目標，那我會非常高興；但是縱使3小時9分成為我個人生涯的最佳紀錄，我也會坦然接受。畢竟因為體格或體質、運動習慣等因素，自然會為腿力設下一道極限，個人的最佳成績不一定就會落在3小時、3小時15分或是3個半小時這樣剛好的時間內。

我看過很多跑者，一味地拚命要實現3小時以內的目標，於是在把自己逼得太緊的當下造成了運動傷害，接下來就再也無法跑出令自己滿意的成績。那麼熱愛跑步的跑者要是被剝奪了跑步的喜悅，想必會感到十分傷心吧。

跑步和馬拉松，是讓人們樂在其中的同時也能鍛練健康身心的運動，只要不嘗試有勇無謀的挑戰，就能長久從事，成為終身的運動。正是因為明白它的美好，所以我不希望大家為了跑出一段數字完整的時間，重覆著超出腿力極限的練習，最後把身體弄壞了。這是我身為教練、同時也是跑者的一個願望。

第十四天 打官腔，你也得學會技巧

1161字

摘自《每天懂一點辦公室心理學》／張妮◎著

一個人有了身分地位，說話的方式自然會跟著改變，這也就是我們俗稱的官腔。想要做一個讓下屬愛戴的領導者，就儘量少打官腔，實在忍不住的話，就用點技巧。

1.「不要浪費警力，我們是有身分的人。」
2.「為什麼不公布老百姓財產？」
3.「你要是敢在你們網站曝光，我就讓它關閉。」
4.「一樓二樓別去啊，要去就去（跳）五樓。」
5.「你跟政府對抗，那肯定是觸犯了法律，那肯定是要處理的。」
6.「你是替黨說話，還是替老百姓說話？」
7.「來投資吧，賠了算我們的。」
8.「我敢說九九％的上訪專業戶精神有問題。」
9.「你哪個單位的？」

10.「你是不是黨員？」以上是二〇一〇年中國十大最牛官腔，怎麼樣，有沒有雷到你？

POINT

一個人有了身分地位，說話的方式自然會跟著改變，這也就是我們俗稱的官腔。官腔的種類可說是五花八門，有的是命令式的口吻，有的是開會式的措辭，還有的是陰陽怪氣的聲調。對於很多下屬而言，上司的官腔就是噪音，就是站著說話不腰疼。反正要是列個下屬不滿上司行為的排行榜，打官腔一定能排進前十名。所以，想要做一個讓下屬愛戴的領導者，就儘量少打官腔。實在忍不住的話，就用點技巧。

STORY

沈天大學畢業後，令人羨慕地進了一家國營企業。起初沈天覺得這份工作不錯，自己這輩子算是有了個保障。但是他很快覺得在這裡整天沒什麼事情可做，對他這麼一個還年輕的人來說簡直就是在浪費時間。更讓他受不了的是，這裡只要是掛了個官階的人，都喜歡打官腔，這讓沈天厭惡之極，於是就琢磨著自己是不是應該換一份工作。

一有想走的心，沈天的工作態度就馬虎起來，出點差錯在所難免。工作失誤，沈天肯定得挨罵了。可是，沈天挨罵後走出長官的辦公室，臉上不僅沒有沮喪，反而掛著笑容。這是為什麼？原來長官的批評完全是官腔式的，每句話都不痛不癢，完全罵不到重點，沈天聽得都想睡覺。沈天當時就覺得這位長官要是去當個催眠師，肯定發大財。經過這件事後，沈天知道自己再也不能這麼浪費青春了，於是立即寫了份辭職報告。等離開這個單位，沈天開始學習經商，沒幾年就發了筆財。

職場中像沈天這樣的大有人在，我寧願不賺你的錢，也不願意看你裝腔作勢，特別是有才能的員工，更有這樣的脾氣。所以作為上司，想要把人才聚集在自己周圍，就要多展示一下自己的親和力，少打官腔。

那麼，身為上司官腔要怎麼打呢？

第一，對下屬的優點給予適度的表揚。多誇讚下屬，下屬心裡有了成就感，工作起來自然生龍活虎，卯足了勁工作。別小看這幾句讚美的話，從上司嘴裡吐出來比象牙還值錢。

第二，誰都有犯錯誤的時候，下屬把事情搞砸了不要擺架子疾言厲色地訓斥，而應該表現一個領導者的肚量與智慧，與下屬一起找出失敗的原因，然後再批評加鼓勵。下屬會覺得你是一個負責任的領導者，也是一個有真材實料的上司，他會對你的批評由衷地信服。

在職場上謀個一官半職，不是為了過過打官腔的癮，而是為了證明自己的價值，所以各位領導者還是少擺架子比較好。

第十五天　為什麼做不好時間管理

1228字

摘自《年收入增加10倍的時間投資法》／勝間和代◎著

時間管理沒有所謂的最佳方法

時間管理沒有萬靈丹，任何方法都不可能讓人一用見效。但是我們有追求虛幻的習性，學了「A先生的時間管理法」，又去學「B小姐的記事本管理法」，不斷嘗新之後，是不是經常落得徒勞無功呢？

為什麼模仿他人的做法沒有用？因為每個人的生活習慣和條件都不同，最適合的方法是因人而異的。

利用時間的方法就等於我們的生活方式，所以就像沒有一種生活方式適合所有人，時間管理也沒有「適合所有人的決定版」。

你目前使用時間的方式是來自長年的經驗，也就是說，你是從「用這種方式會有這個好處」、「這麼做會吃虧」等經驗中不自覺地汰換取捨，累積成這套讓自己輕鬆過活的獨創方式。如果是三十六歲的人，就是以三十六年的時間醞釀而成，即使想要一口氣改變，也會馬上恢復原狀，或是因為改變而感到壓力，結果可能得不償失。

你不覺得這方面和某件事很像嗎？

是的，正如同瘦身或健身。這世上有多到氾濫的瘦身法，因為沒有一種萬能的方法能讓所有人順利瘦身。

每個人發胖的原因都不同，飲食生活也各有不同，生活習慣更是形形色色。要是不從無奇不有的方法中選擇一種適合自己，最終是得不到效果。

但，你可以放心。

如同瘦身的大原則—攝取的熱量要比消耗的熱量少，時間管理也有個大原則，只要能遵守這個原則，不論怎麼調配組合，都會顯出成果。

這個大原則會在後面的章節詳細說明，這裡要先來探討這個問題：「在沒有萬靈丹的情況下，平常要如何思考，才能改善自己長期醞釀出的時間管理法？」

每天嘗試新方法

在沒有最佳方法下，要改變自己長年的生活習慣，方法只有一個，那就是「累積較好的方法」。雖然剛開始看不出成效，但只要注意瑣碎的小事，就能夠慢慢改變陳年的做法。

一般人想要改變做法時，常常只有三分鐘熱度，這是因為，不論方法有多好，要是做起來有難度，或是與自己的想法格格不入，就無法養成習慣。而如果不能變成習慣，這件事通常就會無疾而終。

可是你要在這裡改變想法。嘗試十種方法之後，只要其中有一種留下來變成習慣，那就值得了。

十種留下一種是我的經驗談。不嘗試絕不會變成習慣，只要嘗試十種就有一種成為習慣，試過百種後就有十種習慣留在身上了。

以電腦軟體來說明，或許對常用電腦的人比較容易了解。我每天都不能缺少電腦，也必須用到許多種軟體。但是新添購的或下載的軟體中，每天都用得到的頂多只佔十分之一。

雖然試用過許多軟體，而且大部分都不好用，但只要找到一種合適的，就能夠提高生產力。你要把整個過程當成為了找到一個好軟體所做的投資，而不是覺得白費精神找來九種不好的軟體。

時間管理也是一樣，在每天進行的改善中，嘗試的事有十分之一留下來成為生活習慣，情況就會慢慢好轉。如果你一直為做不好歎氣，會不會是因為嘗試的次數太少了？

假設試了十種只能留下一種，每個月又只嘗試一種新方法，一年頂多只能留下一種，這樣子根本看不到明顯的改變。

以我來說，我每天都會想，是否能夠嘗試新方法。這樣子一個月就會有幾種新方法留下來，一年累積下來，就會新增不少時間管理方法，而達到「版本更新」的程度。

第十六天 網路霸凌

1327字

摘自《教出好女兒》／史提夫・畢度夫◎著

隨著社群網站的發展—臉書（Facebook）、簡訊、電子郵件和推特Twitter），讓霸凌有了一種全新的形式。發送恐嚇簡訊，在網路上傳播謠言和冷酷的評論，已經非常普遍了。

最糟糕的是，那些擁有手機或是臥室裡有電腦的女孩。她們會在回家後，或者睡前，深夜躺在床上滑手機或流覽網頁。但是現在，睡前時光卻會遭遇很多壓力，甚至導致失眠。

一個不錯的方法是，不允許數位或3C產品在臥室出現，規定家裡所有人每晚都將電話留在廚房。但是，具有危險性質的，或者內容很糟糕的訊息，不應該被當成祕密而加以保密。對小問題置之不理也許能讓它自動停止，但是如果情況沒有改善或者非常糟糕，就需要向校方提出，或者與始作俑者面對面溝通。當然，你也要避免讓自己成為網路霸凌的目標—修改個人設置，例如：換掉電話號碼、註冊新的電子信箱，不要跟不友善的人做朋友。

有一部非常棒的描寫女孩成長的電影《繼承人生》（The Descendants），由喬治・克隆尼主演，情節描寫一位「遠距離父親」在妻子發生沉船事故後，不得不承擔起照顧女兒的責任。電影剛開始的時候，他的小女兒發了一則內容刻薄的簡訊給學校另一個女孩，嘲笑她的體重。那個女孩的母親，一個熱情好辯的夏威夷女人，要求這對父女道歉。網路霸凌的挑起者往往對後果並不了解—這種做法對她來說就是個玩笑，用來跟朋友們分享罷了！女孩最終意識到了她造成的傷害，並且有些慚愧。最有幫助的是，她的爸爸也為此感到難堪，且積極地予以彌補。

澳大利亞作家麥琪・漢密爾頓專門從事關於女孩生活的寫作，她對於當今女孩文化中尖酸刻薄的來源，有著獨到的見解。麥琪認為，今天這個競爭異常激烈和非常沒有安全感的世界給了女孩巨大的壓力，使她們不得不開啟「存活模式」，時常表現出焦慮，並且對環境十分警惕。她們在家裡得不到足夠的愛，又成長得太快，無時無刻處於危險邊緣。因此，她們沒有時間或機會去同情以及表達善意。

研究霸凌問題的專家凱特・哈德溫和她在澳洲西部城市伯斯的埃迪斯可文大學的研究小組調查了全國數千個學生，結果發現有五分之一霸凌問題的申訴案件並未得到積極的回應，甚至沒有獲得同情。換句話說，學校的申訴管道沒有發揮實質的作用。應該對這些孩子加以指導，否則他們就會面臨做錯事的風險，最後產生各式各樣的問題。這個殘酷的事實傳遞的訊息是：成年人必須有介入的意願，除非長期關注，否則孩子們是不會自動脫離危險的。

生活在比較友善的環境中的女孩也有小團體，也存在某種程度上的競爭——比如更受歡迎的「酷」女孩，更愛讀書的女孩，以及比較「不守規矩」的孩子等等——但她們基本上不會刻薄地對待對方。而且，這些小團體間的界限也比較彈性，妳可以遊移其間，更重要的，妳可以做妳自己。這樣的感覺更友善、更快樂、更輕鬆。

愛欺負人的女孩往往處於社會生活的某個極端——一方面生活富足，但往往喜歡競爭，她們的父母通常收入頗豐，卻非常忙碌，對孩子缺乏關注。這些女孩有智慧型手機和信用卡，有時還有自己的車，卻得不到關愛。對此完全相反的是，另一類愛欺負人的女孩則來自非常貧窮的家庭，生活艱難困苦。父母非常忙碌或者不管孩子，對她們不聞不問，她們便自然而然的會出現攻擊他人的行為。但情況也並非總是如此，來自貧窮家庭的孩子也有非常善良的，來自富裕家庭的孩子也有溫和且充滿關愛的。你永遠都可以自由選擇想成為什麼樣的人。

第十七天 開發潛能的要點

1366字

摘自《天生潛能積極開發法》／保羅．席利◎著

容許模稜兩可的地帶，才能看清所有潛能

如果我問：「你很固執還是隨和？」你會怎麼答？你可能會回答：「都是。」每個人都可以選擇自己想要的個性，不管是極端的兩邊，或是中間任一程度的模糊地帶。而身為一個成熟自主的成年人，你會因時因地制宜自己的行為舉止。儘管你可能有所偏好，現實中仍舊可視情況來採取固執抑或是隨和的態度。

若從行為程度來看，固執與隨和各位於尺規的兩端，而大多數人的行為都是在這個範圍內。舉例來說，如果你太過固執的話，很可能會變得冥頑不靈、剛愎自用，不但會強迫他人接受自己想法，甚至會拒絕妥協。同樣地，如果你過於隨和，很容易就會被其他人利用並佔盡便宜。不論是出於意識或無意識的思考，你都會定義出自己可以容忍的一定範圍。

而範圍的定義多半是受到他人的影響。居於上位的人經常會告誡你該怎麼做、又不該怎麼做，每當你的行為不夠適當時，他們就會在你面前替你樹立了一座停止的標誌。一旦你確定了自己的「安全地帶」，你就不會再跨過這個界線去挑戰範圍外的尺度了。因為這個被許

多停止標誌框限住的安全地帶，會讓你無意間限制了自己的選擇，所有舉止都不會超過這個範圍。

事實上，這些停止標誌還可能會剝奪你範圍外的所有選擇性，迫使你在其他方面有所限制，包括你原本的自我創造，也逐漸喪失那些童年時期與生俱來的學習能力與探索本能。

藉由潛能開發模式，你會發現自己不再只能有單一的選擇。無論是在情感、身體、或是知識方面，學習的樂趣就在於能擁有廣泛的選擇性。然而光是思考的話還不足以再度開發我們的神經系統，你必須多練習其他的選擇性，才能激發這荒廢已久的功能。

反覆地做小小的調整，不疾不徐地往目標邁進

飛機駕駛訓練，是研究人們如何對付不安定環境的最佳實驗。飛行員訓練其中的一個課程，必須要戴上一種像遮陽帽的頭蓋，這會避免讓你看到飛機的座艙外面，視線範圍只有眼前的控制儀表。這項訓練的目的在於讓你專注在儀器所提供的資訊上，而非用感覺來判斷情勢，因為這些感官系統很有可能反而會造成錯誤的干擾。

在練習的過程中，指導教官會指示訓練生調整機首方向、高度和其他地方，而訓練生總是會操控過度。如果機首只須些微地調整五度，訓練生太過緊張導致靈敏度下降，一再地操縱過頭，每每總得花個兩三次才能搞定。訓練生急欲駕控飛機的結果，反而更容易失去準

頭，只會讓情勢更加惡化進而陷入困境。

而經驗豐富的飛行員，會在放鬆的狀態下，有耐性地慢慢調整到所需角度。他對飛行的自信，讓自己能綽綽有餘地應付自如。放輕鬆，一切都沒問題的。

你愈努力地掙脫困境，反而會面臨到更大的困難。矛盾的是你愈想跳脫僵局，反而會愈陷愈深。

人際關係也是如此。你愈勸對方不要生氣，反而愈會激化他的怒氣而已。換句話說，當你把問題的一側抓得愈緊時，只會增加傾斜的幅度罷了，根本就無濟於事，更無法從困境中解脫。而當你在困境裡愈陷愈深時，也代表你離解答的辦法愈來愈遠了。

當飛機筆直地往地面墜落時，大多數的學生都會急著企圖拉回機首，但他們驚慌的舉動反而讓飛機變成盤旋下降，情況更加危急。弔詭的是，要拉回機首的方法，是飛行員必須先沉靜地往前俯衝。這時機翼上方的氣流會對流到機翼的下方，形成一股浮力將機首往上抬，接著飛行員便能慢慢地將機身恢復平衡，繼續飛行。

垂直降下的解救辦法，也就是當你陷入困境時，應當如何處理的一個提示。作些小小的調整，正是解決的第一步。

第十八天 超級音樂學習 1382字

摘自《喬治速讀記憶法》／喬治．斯坦格利夫、董麗燕◎著

音樂是打開無壓力快速學習的大門的鑰匙，是提高大腦工作效率和記憶力的積極有效的方法。

這一革命性的發現是由前蘇聯的科學家們取得的。

他們發現，17世紀或18世紀的作曲家們創作的某些音樂，對大腦和記憶有很強的影響。這些音樂都是根據古代音樂流傳下來的特殊格式來創作的。正是巴洛克協奏曲中每分鐘55～65拍的行板音樂，使學習效果倍增。巴洛克作曲家通常用絃樂器、小提琴、曼陀林、吉他、撥弦古鋼琴來創作這種緩慢、舒適而寧靜的音樂，其聲音自然、高頻、和諧。

當聽著寧靜而舒緩的音樂，你的血壓下降，你的心臟也開始健康有節奏地跳著；血壓中的緊張因子沒有了，因此，你的免疫系統得到了加強，同時你的腦波下降6％，而放鬆的腦波卻上升了6％，左右半腦達到同步效應。大腦和身體隨著緩慢的韻律漸漸地進入了和諧狀態—身體放鬆、大腦警覺，這正是取得優異成績的最佳狀態。

保加利亞哲學博士、精神病學專家喬治．羅紮諾夫，於1966年成立了羅紮諾夫學院，作

為研究「暗示學習法」（又稱「超級學習法」）的中心。他主張利用節奏舒緩的音樂來刺激大腦，達到消除心理的緊張感，使音樂節奏、生理節奏（如呼吸、心跳等）與資訊輸入的節奏協調起來，從而在集中注意力、增強大腦活力的狀態下學習。這種「超級學習法」在西方各國已得到廣泛應用。它可以幫助學生輕鬆而有效地學習知識，也可應用於法律、軍事、工程、醫藥等職業練習之中。現在，在工作、學習場所播放優美、舒緩「背景音樂」，已有效地提高工作或學習效率，這一點為人們所公認。音樂可以陶冶情操，調節情緒。

在閱讀時，把注意力集中在書本上，輕柔的樂曲就會不知不覺地刺激右腦，產生情感體驗，發展形象思維，促進左腦抽象思維能力，使兩半腦得到均衡的活動。由於音樂強化了人的神經系統功能，使視覺記憶、聽覺記憶都得到鍛練，從而可以增強記憶的敏捷性、持續性和準確性。

歐美、日本等國還盛行「腦部思維保健」法。在健腦中心專設健腦設備，如美國研製的腦部治療儀「α興奮器」，同時播放美妙的音樂，其輕快的節奏與人的脈搏、心跳極為和諧，使人消除疲勞，集中注意力，心情愉快，提高大腦功能，加速學習。藝術家接受健腦後，可產生創作靈感。

音樂能毫不費勁地喚醒語言能力和以前的記憶，讓你更加聰明，更加快速的學習，能增強記憶，解除壓力，幫助你集中精力和學習形象化想像，開啟內心的意識，同時還有助於聽力的提高。

法國著名聽覺專家阿爾弗雷德．托馬斯蒂說：「有些聲音具有兩杯咖啡的興奮作用。」泰麗．懷勒．韋伯指出：「某些類型的音樂節奏有助於放鬆身體、安撫呼吸、平靜β波振顫，並引發極易於進行新資訊學習的、舒緩的、放鬆性警覺狀態。」

美國的快速學習專家希拉．奧斯特蘭德在《超級學習法》一書中介紹，在愛荷華州立大學的測試發現，只用緩慢的巴洛克音樂，無需任何方法，就能使學習速度提高24%，使記憶力增長26%。巴洛克音樂能使植物成倍數地加快生長速度，有助於消除分娩痛苦，能使愛發脾氣的孩子迅速鎮定。

音樂可幫助你清除一天中不停圍繞你、讓你的大腦枯竭的噪音。

選一種你喜歡的輕鬆音樂，找一個舒服的位置躺下，做幾個深呼吸，釋放所有的緊張。讓音樂在你體內流進流出，沖走一天圍繞在你身上的所有垃圾噪音，沖掉一切聲音污染，讓自己沈浸在音樂之中，注意它在你體內的不同部位如何迴響，想像你體內的不同細胞隨著怡人的振動而舞動。讓音樂給你能量，讓你放鬆。當音樂結束時，做幾個更慢更深的呼吸，釋放所有的壓力。

第十九天　一胎化下的家長跟小孩　1479字

很多時候家長帶孩子來的時候，都會帶著孩子的問題一起來，因為一胎化，每個小孩都是家中的重心所在，家長對於孩子的重視程度都是一樣的，差別只是家長對孩子的行為不一樣，孩子的行為展現也跟著不一樣。大略可以將家長的類型分成幾種：

1心急如焚型：

這種家長對於孩子的一分一毫相當的注意，非常了解孩子的一舉一動，但不一定對孩子的教育有正確的方法，在行為表現上有可能會積極的求取各種名師或是家教來協助孩子發展，也有可能自己主動去研究孩子的課程內容，跟著孩子一起學習各種才藝，陪孩子一起寫作業。

因為家長對孩子的過分注意，家長不見得會真心聽得進去專家的建議，不是過分覺得自己的孩子是很特別的孩子，而在內心對專家的意見視而不見，就是覺得沒有人比自己更了解自己的孩子，認定某種教育方法後就會徹底實施，而忽略孩子成長是一個動態的變化，不是一加一等於二那麼簡單的結果。

2 慢一步型：

這種家長因為某種因素，將孩子的教養交給長輩或是保母，自己對孩子的成長變化不清楚，但對孩子要求都能滿足，對於孩子的作業可能會不定時的關心與檢查。學校的家長會、家中的父母、保母大概就是這類家長了解孩子的管道。藉著第三者來教育孩子，覺得自己只要在關鍵時候出現就好。

雖然這種家長對孩子的真實變化不清楚，但是不表示他對孩子的教育就不關心，有可能家長會喜歡看教育相關書籍或聽演講，會積極幫孩子找尋名校、名師來教學，他相信別人會將他的孩子教育的很好。至於什麼是名師或專家，就看家長自己的標準在哪裡。

3 等一下型：

這種家長喜歡看看別人怎麼做，再來決定自己要怎樣教育孩子。他喜歡打探別人在哪裡上幼兒園？跟哪一個老師學習？別人的孩子回家後都做些什麼？再來評估自己的孩子要不要也跟著一起做。因為這類型的家長相信專家，所以他希望可以看到別的孩子效果後，再來決定要相信哪個專家。

表面上看起來這種家長對孩子的教育很積極，事實上這種家長常常是在希望可以幫孩子找到最好的心態下，而錯失孩子的教育時機。專家的意見對他不一定有用，事實上他更相信街坊鄰居的教育心得。

世界上不會有完美的家長，因為我們的社會心態本身就不完美；東方社會無形間仍保有孩子是自己的私有財產的觀念。因為一胎化的關係，家中六個大人照顧一個孩子，好像孩子的社會成就不佳，就是家長給的不夠所造成的。

事實上一般人所說的社會成就，評估定義在於金錢擁有多少或工資賺多少、擁有多少的獎狀或工作職稱好不好、管理多少人或職位高低；而不是在於幸福感有多少、興趣嗜好有多少、知心朋友有多少、對社會的良好貢獻度有多少。

我最常看到的景象是，當地上有了垃圾，小學生會說有垃圾，然後家長就過來撿起來丟到垃圾桶；中學生會一腳把垃圾踢開，踢到比較看不到的地方；大學生會根本視而不見。因為家長從小幫孩子撿垃圾、丟垃圾，加上孩子都是看到別人對垃圾視而不見，所以孩子從小養成垃圾自然有「別人應該」去清理。很多家長從幼兒園開始花了大把金錢將孩子送到昂貴的私校、學習各種才藝、參加各種競賽，卻是教育出一個自私冷漠的孩子，擁有高學歷、高知識、高收入，卻有著低度的社會關心與人際關心。很多小孩不是長大工作後，還回家跟父母要錢？很多孩子因為以前從來不吃苦，工作稍微辛苦了點，就受不了了嗎？很多孩子不是因為從小接受溺愛，犯錯不知反省還嫌嘮叨嗎？

因為家長可以提供給孩子的學習機會變多了，孩子從親子班開始接觸各種不同的學習刺激，當然孩子的反應能力增加，思考能力增加，但是孩子的聰明不一定會用在對的地方。

如果社會的價值觀沒有改變，家長對孩子教育的評估標準當然不會改變，學校的教育自然也不可能會落實真正的素質教育。一切好的教育還是從家庭教育開始。

第二十天 強化胃腸法則

1485字

摘自《胃腸會說話》／新谷弘實◎著

新谷飲食健康法，是以穀物、蔬菜為主。

■植物性食物為八五至九〇％，動物性食物為一〇至一五％

「醫生，早中晚的飲食要怎麼做才好？」經常有人這麼問我；「醫生您之所以認為肉食會毀壞腸相大半是因為住在美國的緣故，因為那邊一定是吃肉食的。」應該也會有人這麼想吧。

不過，自從我以內視鏡觀察眾多人數的腸相後，深知肉類飲食會毀壞腸相，所以在這二、三十年間，我每年吃肉不到十次，牛肉的話只吃三〇〇克左右，我也和大家一樣喜歡肉食，早晚通常也是純粹的日式飲食。

以「糙米」為二，「麥、稗米、小米、黍米、莧」的混合物為一的比例炊煮，原則上三餐就吃這個。

接著配上「小白魚乾」、「涼拌沙丁魚」以及「裙帶菜或海帶味噌湯」，因為雞蛋含有大量的膽固醇，因此一週食用一至二次，中午是食用自己在家做好以蔬菜為中心的蔬菜便當。

晚上在「沙拉」裡放入三至四種的「燙青菜」、「海藻類」以及「地瓜、紅蘿蔔、牛蒡、蒟蒻」等根莖菜類，動物性的話就以魚貝類為主。

■沒有精製過的穀物、雜糧對身體非常有益

我的飲食法是以穀物和雜糧為主體，這些占食物全體的五〇%，通常說到穀物就很容易攝取白米、白麵包、烏龍麵等，不過，只要經常替換成分表所記載的糙米、胚芽米、麥片、稗米、小米、黍米、蕎麥、莧等穀物，從開始食用的一年之後再做胃腸檢查時會發現，胃相

和腸相都獲得相當程度的改善。

未精製過的自然穀物中含有豐富對身體有益的成分，也就是均衡的蛋白質、碳水化合物、脂肪、膳食纖維等，只要攝取這些養分就可以讓身體的生命活動進展順暢，若是吃了因精製過而使均衡瓦解的東西，身體為謀求平衡會漸漸傾向偏差的方向，如變瘦、太胖、下痢或便秘等，導致身體狀況錯亂。

■蔬菜類以三〇至四〇%為目標，混和葉菜類、根菜類等一起食用

舉凡大豆、蠶豆、紅豆、菜豆、堅果、果核等，適量的話對身體非常有益。雖然豆類占五%左右，不過要是吃太多健康食品的豆腐，會造成蛋白質過剩，使蛋白質在腸內異常發酵；就算植物性蛋白質，每天攝取過多也會不健康。

水果類也占五%左右，吃水果時務必要注意食用時間，水果、果汁、果乾等也是每天都要攝取的食物之一。可以的話，在早餐三十至四十分鐘前吃最好，而且要避免在晚餐後食用。

因為水果含有果糖，容易在胃腸中引起發酵，而且橘子汁等果汁也含有乳糖，患有乳糖不耐症的人，會因此產生腸內氣體而變得容易放屁，甚至出現下痢。將蔬菜和水果混合攪打在一起後飲用也很好，但是不吃蔬菜和水果的人，依然不會喜歡喝這種果菜汁。我並不反對

將蔬菜打成果汁，或是以蔬菜湯的方式飲用，但我覺得，以自然的型態做成沙拉，或燙、蒸一下再吃，對身體還是比較有益的。

■動物性食品一天一百公克就可以

動物性食品占一〇至一五％，盡可能選用魚貝類，而且一天一百公克的動物性食品就足夠了。

食用體溫比人類高的動物，血液容易變得黏糊糊，而魚貝類等低體溫的動物可以讓人類的血液清澈。

魚貝類之中，可以全部吃下去的小魚是最好的，雖然魚肉和貝類都有益，但一天還是不要攝取超過一百公克。

請盡可能不要頻繁食用動物性肉品（牛、小牛、羊、豬、火腿、臘腸、培根等等），要吃的話，頂多一個月二至三次就好。

雞、火雞、鴨等也是一個禮拜一至二次，當然問題也是在於分量，每天大量食用對身體是不太好的，順便一提，鳥類的體溫是四十度左右。

乳製品和蛋類一個星期頂多一至二次，雖然有很多人認為，牛奶對正在發育的小孩是非常好的營養，建議要多喝。但脫脂奶粉也不要喝超過一杯以上。討厭牛奶和乳製品的人若是屬於體質不合的人，能不喝就不要喝，這樣才有益健康，對奶蛋白過敏和乳糖不耐症的人而言，喝牛奶對身體有害，以日本來說，藉由食用海藻和小魚等食品就能攝取充足的鈣和鎂。

第二十一天　整理的第一步　1702字

摘自《整理力》／佐藤亮介◎著

首先您要做的，是在自己的東西中進行《選擇》。《選擇》，也就是篩選。《選擇》和《分類》需要一些基準，也就是說以什麼基準來篩選、分類。

★清除垃圾、形同垃圾的東西

首先如果對整理沒有自信或覺得不能順利做好的人，請試著從清除「顯然是垃圾、形同垃圾、可以想見不久的將來就會成為垃圾的東西」開始著手。這是最簡單的《選擇》。

舉例來說，請試著把抽屜中的東西全部都拿出來。紙屑或是已經不記得內容為何的備忘記事，不知道什麼時候買的口香糖或是已經溶化的糖果等等，這些都是垃圾。看著它問「這人是誰？」的名片、生鏽的乾電池、筆尖已經壞了的原子筆。已經沒水的油性筆、從未見過面的前任職員留下的檔案。

年代久遠的磁碟片、舊手機、充電器……這些已經形同垃圾。幾乎沒在用的自來水毛筆、只用過一兩次的瞬間膠或指套、藥品、記事本等等，這些都是在不久的將來會變成垃圾的東西。

從字典上查《垃圾》的定義，上面寫著「沒有用處、沒有也沒關係的東西」。依這個看法來看，前任職員所留下已經不用的資料、無用的舊統計資料、會議記錄、只是留著沒丟的名片、好幾年都沒穿過的衣服鞋子、覺得好像很方便就買下的文具等等，可以說都是《垃圾》。

不經意擁有的東西、一直都擺在那裡的東西，它們成了理所當然的景色，讓人一點也不覺得突兀。

如果您試著如此重新觀察，您將會明白那些垃圾或形同垃圾的東西，您是如何敝帚自珍地一直保留著。垃圾不是什麼別的，它就是垃圾。在被垃圾掩埋之前，盡早把它們清除吧。

★找出格格不入的東西，把它們清除

另一個整理的手段是找出「某處或某個收納空間中格格不入的東西」。

「格格不入」，也就是說不在那裡也沒關係的東西、不適合在那裡出現的東西、「怎麼會在這裡？」的東西。

例如桌上的零食、抽屜裡的化妝品、週刊或是報紙，那就是格格不入吧。另外桌腳旁不是堆放物品的空間，置物櫃也不是書庫或是書櫃喔。職場並不是自家，所以與工作無關的東西也是「格格不入」的東西。

★以「現在吧！」為基準

以前面的基準篩選後剩下的東西，另一個篩選的基準是「現在（吧）」。自己現在會使用嗎、或者現在沒在使用了呢？如果是衣服，那麼現在會穿嗎？或者已經不穿了呢？請以「現在」這個當下的基準來進行《篩選》、《分類》吧。不過即使這麼說，很多人會說：

「也許有一天會用到」、

「可能會需要也不一定」、

「因為還能用」，最危險的關鍵詞就是：

「也許還可以拿來做什麼用」這種常見的想法。

如果照這些基準來選擇的話，多數人都會無法順利分類，因為很捨不得丟，同時也是因為這些都是以未來式為基準的緣故。

不過也有一些東西無法用《現在》來篩選的情況，比如說在冬天整理夏季衣服的時候，當然不能用《現在》來分類。

在這種情況下，重要的是不要用「下一個夏天說不定會穿」這種未來式，而是用「上一個夏天曾經穿過，或一次都沒穿」這樣回溯過去的方式來選擇。

換言之，不管是用《現在》或是《過去》，請絕對不要忘記以《事實》作為基準來進行《選擇》（分類）。

這樣了解嗎？完全不必想到「丟掉」，只要試著以《現在》和《過去》作為基準來選擇，創造出兩座「使用中」與「沒在使用」的小山就可以了。

★以《喜歡嗎》、《有用嗎》為基準

如果這樣還是無法順利分類的人，我再提供一個門檻更低的建議，那就是「這個您喜歡嗎，或者不喜歡呢？」比如說抽屜當中有三枝自動鉛筆，要區分「有在使用」或「沒在使用」時您會覺得「雖然沒在用，可是很喜歡它的設計」，因而無法決定哪一枝是必要的，衣服或是包包應該也會有這種情況吧。如果是這樣，那麼就算現在沒在使用，但是自己真的很喜歡的話，就先把它留著也沒關係。

另外一點則是「這個對自己有用處嗎，還是沒用？」我們所擁有的東西一定具有對人有用的某些功能。

對自己無用的東西就是不必要的東西，也就是累贅。不過呢，像是擺在桌上的吉祥物公仔，雖然不能幫我們工作，但是如果一看到它就能讓您心靈得到療癒、消除焦躁不安、提升工作效率，那也可以把它看成有用的東西。

整理很難一開始就完全到位，也不應該要求如此。重要的是在一開始時用這些寬鬆的基準來試著分類，讓自己可以體會到（就算只有一點點）分類東西的感覺和自信。

不必要求完美。

多少有些不順利的情況，那正好。

只前進一步也是很大的進步。

21天文章閱讀紀錄表

天數	日期	文章一		文章二		文章三		文章四	
		閱讀速率	自認為理解率	閱讀速率	自認為理解率	閱讀速率	自認為理解率	閱讀速率	自認為理解率
1									
2									
3									
4									
5									
6									
7									
8									
9									
10									
11									
12									
13									
14									
15									
16									
17									
18									
19									
20									
21									

後記　抓住21世紀的關鍵能力*

一、競爭力與學習的關係

美國統計指出，上班族從二十歲到六十歲退休前，平均會換五到七個工作，平均一個工作做五至六年；日本「終身雇用制」瓦解，「人力派遣」興起；早在二〇〇四年，台灣半導體教父張忠謀說：「一個人離開學校之後，前五年會用到所學的20%，之後就完全沒用到，如果沒有求知的心、學習的習慣、思考的能力，很快就會被社會所淘汰」。

麻省理工學院教授彼得·聖吉在一九九四年出版的《第五項修練》一書中所提企業的五項修練，包括：追求自我超越、改善心智模式、參與團隊學習、建立共同願景以及推動系統思考，企業必須建立出「學習型組織」才不致於在行業競爭下被淘汰。「競爭」是我們從小到大最常接觸到的字詞。

* 作者曾於中國開設學習力訓練課程，並獲得二〇〇七年中國教育學會一等獎。

過去漁獵、農耕社會，為了溫飽肚子與猛獸、土地競爭；科舉時代讀書人，為了功名利祿進京趕考，以文字筆墨競爭；現代人依然為了更好的生存條件而競爭，只是競爭的方式更加多元化。

競爭力就是我們選擇的能力。競爭力就是我們如何比別人好、比別人快；學習力就是讓我們知道如何去選擇！就算不跟別人競爭，我們也會跟過去的自己競爭，學習就是要讓你具備更佳的選擇能力，這樣的學習才有意義。

學習能力的判定，並非指學習效果好不好或學習方式對不對，而是指在學習新知識或是新技能時，個人本身所具備的能力。人人都有學習能力上的問題，只是或多或少不一樣；假設人人皆無學習能力方面的問題，那世上應有滿坑滿谷的天才，讓這個世界過得更美好，不是嗎？

二、是雞生蛋？還是蛋生雞？

現在的人大多數都知道，人生病是自身抵抗力不足導致疾病上身，是故增強抵抗力是根本之道。於是乎現在是預防醫學的時代，不在於告訴你吃什麼藥才會好得快，而是教你怎樣方式增強抵抗力，活得健康又愉悅。

學習力差的孩子，通常也會伴隨其他的問題。今日所見孩子不管是成績不良，或是注意力不集中，或是缺少自信心等行為問題，都是昨日日積月累的結果，真正的原因通常是發生在更早之前，因為學習能力不佳所造成的。

可惜目前為止，多數教育機構或單位，不管是正統、非正統的，都像傳統醫生一樣，必須等你感冒了，才能幫你治療、給你藥吃。過去哪個醫生能夠讓你的病可以好得更快，那個醫生就是名醫。高速競爭的社會，多數的教育機構都是等我們覺得自己有不足之處，就對應出一種新的學習方法或技巧，就像吃藥一樣。最明顯的例子，就是英文訓練學校的熱潮了。如果我們自身的學習能力就很棒的話，那還需要一再地上英文訓練學校嗎？

三、到底要多聰明？到底要多有智慧？

自小到大，舉凡學習快速、學習效果好的人，我們大多數都會說他是一個聰明的人。那什麼樣的標準才是優秀的學習能力呢？先回到字詞本身的涵義，何謂聰明？何謂智慧？

「聰明」一詞，英文中具有相同意義的字彙是Smart、Clever、Ingenious、Intelligence。

Samrt指的是聰敏、伶俐。

Clever指的是敏於學習和理解、機伶、伶俐、靈巧。

Ingenious指的是（指人）善於用新的或簡單的方法解決複雜問題、心靈手巧、善於發明創造的。

Intelligence指的是學習、理解和推理的能力。

「智慧」一詞，英文中具有相同意義的字彙是Wisdom、Wit。Wisdom指的是在做決定或判斷時，表現出的經驗與知識、正確的判斷、明智、有見識的想法。

Wit指的是用措辭、構想等，產生巧妙幽默的能力、悟性與理解力。

由字典解釋得知「聰明」意思在於明察四方；「智慧」意思在於通達事理。學校成績好的人，既不能說「聰明」，也不能說是「智慧」，只能說是一個會考試或是會讀書的人。

家長必須反思一下，我們究竟是要培養孩子成為會讀書的人還是聰明的人？

四、培養孩子成為會讀書的人？還是聰明的人？

一個會讀書的人，是根據課本上寫的標準答案，寫出正確答案。許多的知識，隨著時空的不同，會有不同的答案。

最明顯的例子是發表地動說的伽利略，奠定近代科學實驗的基礎，開創了近代科學文明。在當時社會可是神經病兼邪教分子，要被處死刑的。伽利略因為發明望遠鏡，證明了哥白尼的「太陽中心說」，被教會審判終身監禁。朋友及女兒都勸他放棄自己的看法，他說：

「即使我改變，也不能阻止地球繞太陽運行的事實啊！」現在的每一個人都知道地球是繞著太陽運行的。科學方面的知識更是日新月異，以前我們在課本上學習到喜馬拉雅山的高度是8848公尺，但是實際上地殼變動，讓喜馬拉雅山每年都會增高。

會思考、會動腦筋想的人，可能在學校表現得普通平凡，就像愛因斯坦一樣，把愛因斯坦放在現在的學校，可能下課鈴響了，考卷上第一題都還寫不完。因為他不會寫下原本課本上有的答案，反而寫下許多自己心思細膩的觀察及想法，考試成績自然就不理想了。所以聰明的人，常富有觀察力、想像力及創造力。

經由生活中不斷累積的成功、失敗經驗與人生閱歷，磨練出一種智慧。具備聰明智慧的人，會從對的答案裡找出錯的地方，或是在錯的答案裡找到對的地方，並做出最有利於當下的選擇。

五、心態影響能力，能力影響方法，方法影響效率

家長永遠都在問一個問題：大家一起學習，為何別人的小孩都學得很好，我的小孩總是慢人家一步？像這樣的小孩，常常在他還沒進入小學之前，或是成績還沒開始變差之前，就已經累積了不良的學習習慣因子，現在看到成績不好是結果。問題的累積通常是在更早之前就已經發生，卻沒有人去糾正他。

工業成熟發展，生活節奏快，一切以「快速」為依歸。效率＝成果／時間。過去的學習，常常要求速成，沒有時間讓我們「慢慢理解內容」，因此許多時候我們用死記硬背的方法來解決。等考完試後，就把內容全數忘光。一次次考試就這麼應付過去。對於「學習」這件事，我們漸漸習慣於用應付的態度去面對。

學習效果也一樣，許多人看到一些不認識的字詞，就想：啊！才一個不懂而已，跳過去沒什麼關係。常常就在這種心態之下，積累出許多不理解的字詞，而讓我們最後發現，怎麼我們經常花了很多的時間去學習，得到的學習成果並不怎麼樣。或是，愈學下去就發現愈加不懂，最後就乾脆放棄了。

孩子白天交給學校，放學後交給課後輔導班管教功課，家長多半都不理解自己小孩學習問題發生的原因。家長常以自身看到的外在表象，直接下結論，缺乏耐心瞭解問題背後的原因。於是選擇用更多家教或是測驗卷，希望能搶救學習成績，於是，學生對於學習愈加恐懼。現在孩子因為資訊取得管道多且容易，家長若沿用過去教育方式逼迫孩子學習，常常適得其反。不是有家長從幼稚園開始一直替小孩煩心，就算到孩子長大找工作，家長還是不能放心嗎？

從小到大，我們許多人都在家長殷殷切切的期望中長大，也在這樣的期望中不斷地遭受挫折，所以我們又告訴了自己「我不是天才」、「我做不到」、「我不能」、「我不會」，一而再，再而三的將痛苦的學習過程及不好的學習結果，跟學習本身做連結，劃上等號，漸漸的遇到學習時，我們的潛意識就跳出來告訴自己：我就是學不好、我要很努力才能學得好。

許多人都在這種學習噩夢中長大，只要是跟學習沒有關係的，絕對是興致勃勃。只要是跟學習相關的，馬上就意興闌珊。因為在我們的心中，「學習」這兩個字的意思，跟「痛苦」沒什麼兩樣。成為上班族之後，就發現工作上還是要不斷地學習進修。這種學習上的負面情緒與習慣，如果沒有將之除去，於是學習的惡夢又開始了。

比馬龍效應（Pygmalion Effect）是一九六〇年哈佛大學的Rosenthal和Jacobson進行的學童心理學實驗。首先針對6至12歲的學童進行智力測驗。將學生分成實驗組及對照組，告訴學校老師，實驗組學生智商較高，是資優生。當老師知道學生是資優生後，就用比較難的教材內容來教學，也花更多心力教導他們，對學生的課業成績投入較多的關心。一年之後，實驗組的學生在成績及各項表現上都比其他班級學生來得優秀。

事後這兩位教授公布真正答案，這群實驗組學生，不過是隨機選出的學生而已，並不是真正的資優生，因為老師預期「學生一定會成功」的心理下，改變了學生的學習狀況，也刺激學生的成長。相反的，如果個人從小都否定自己的能力，長大後自然也就難以建立了不起的成就。

從這裡可以看出，學習效果好不好，追根溯源是跟我們的學習心態有很大的關係；技巧只是旁枝末節，但是技巧好壞，會影響我們在學習時的心理狀態。

六、看總分？還是看單科成績？

從小到大，我們不知要經歷過多少大大小小的考試，會考、學測、研究所考試、公務員考試、證照考試，請問：要考上的話，是要看單科成績，還是看總分？

每次在課堂上問這個問題，都只有一個答案：看總分！

再問：請問你有補習數學、物理、化學、英文，任何一科的人，請舉手！總是會有超過一半的人舉手。

如果只看重最弱的部分，傾全力去照顧它，就算它真的變成強項，其他部分反而被犧牲、變弱，學習總分還是不會提升。

各科成績的表現決定總分，卻總是將焦點放在最弱的科目上，一直不斷花時間去加強，短期內成績並不會大幅成長，而其他的科目卻因為疏於照顧，成績也沒有進步。然後就覺得更加心慌了，是不是自己不夠用功？是不是自己念書時間不夠多？甚至是不是自己根本就是太笨呢？

因此，我們的心思若是老放在缺點上，你就會發現原來自己的缺點這麼多，心情也就會因此而焦慮不安。我們要懂得找出學習的弱點，並持續訓練學習優點，如此才能提升學習總分，學習過程也會愉快許多。

當你認清學習本質，你就不會再被「學習」迷惑。

速讀者進步實例

我本來看書就很快，也很愛看書，平時也需要看很多書籍，想要閱讀速度更快一點，所以來上課。

老師上課方式很特別，強調要依照不同的目的性去抓重點，還要依照不同的文章寫法去抓重點，不同的人抓的重點其實都會不一樣。透過上課，我更清楚原來自己以前看書雖快，但缺乏一個有系統的方式來提升自己的閱讀理解能力，現在上完課了，我看書的速度更上一階。

商業—張〇文

小時候我就學過速讀了，是有點效果，但是效果還不夠好。所以我現在來學這套更新的速讀技巧，希望能讓看書速度更快一點、理解效果更好一點。第一天，老師讓我們分別知道如何正確練習提升閱讀速度跟提升理解力的方法。第二次上課時就要整合運用，要同步提升速度跟理解力，說實在的，上課過程很刺激，因為本以為自己甚麼都看不到，結果測驗題目我都知道答案。我會好好練習這種潛意識閱讀的。

我來上課就是要提升我的閱讀速度，所以我很認真地照老師所教的方法去做。第一天就發現，原來用對方法，吸收資料可以更快、理解地更好。其實老師教的方法很簡單，只要夠用心、夠努力練習，提升閱讀速度不是難事。現在我在工作上整理吸收資料更快速了。

上班族—楊○堯

工業—方○輝

要念的書很多，但總是念過後就忘了前面在講什麼，透過廣翰思惟老師教的方法，發現原來念書要懂得抓重點，只要透過重點的邏輯整理，可以用很短的時間就掌握一本書的內容，這樣的讀書方法不僅提高了讀書效率，也讓我看書時變得更加主動，讀書不再是苦差事。

大學生—陳○安

希望我能在看書上更有效率，所以我參加這個速讀訓練課程，經過老師的講解，我發現抓重點變得更有系統。看書時也更有目的性。也能更能掌握作者的思考脈絡。

研究所—林○婕

本來對學習速讀課程沒有甚麼信心的。不過，透過老師清晰的講解，我學會了看書如何抓重點。雖然回家的自我練習很簡單，但要每天練習卻不是很容易堅持下去的，即使是這樣子，我還是提升了我的閱讀速度跟理解力，這一點讓我很開心。

自由業—李〇穎

上課前半信半疑的，上課後我毫無疑問，閱讀速度真的變快了，抓重點也更精準，整理資料不再感到有壓力了。看書不再是痛苦的事情。

軟體業—蔡〇蓁

老師您好：

上完速讀課程後，覺得很有啟發。才知道原來我以前讀不快、這些年愈讀愈慢的問題。

上課前，我大概有默讀、注意力長期用電腦不集中、無法控制眼球的問題、書逐字讀…等問題。上課時，投影機那段讓我印象深刻。一閃而過的字我竟能暫存寫出，打散的字也可以認出。

上課後，學到很多不同題材的讀法。跟著你的練習題，學著控制眼球，每天的秒數都有進步。還有讀到幾篇時間管理，很有趣的文章，很貼近上班族的我，被效率壓的喘不過氣的心情…以下是你推薦的書，也是我這週讀完的。

《心智圖超簡單》，老師的書寫的很有層次！讓完全不懂的我有概念可以畫畫；《超快速讀書法》，這個我用你教的速讀方法，掃完它的；《10倍速影像閱讀法》……上週拿到你送的10倍速影像閱讀法後，我前天看完，覺得挺有趣，但有點無法體現…？週六下午拼命看3D圖，起先沒反應，覺得哪裡有東西，眼球累死了……完全不能體會和控制用看遠的對焦方式去看近的東西。而奇蹟就在我搞了5個多小時快累死時出現！眼前竟然浮現3D圖！老實說我好震撼！！

還在練習老師教的方法＋還在『體會』那本10倍速影像閱讀的—攝像焦點～～～？哈，謝謝老師，很有啟發！

PS. 老師如果還有推薦的口袋書單，我很樂意讀一讀

祝平安・順心

Thanks,

服務業—許〇君

原本我以為我書讀不完是因為書太多了，來上速讀課程是希望能讓我的看書速度加快點，但經由老師的講解後，我才知道原來是因為閱讀理解的程度還不夠。

只要我能提升我的看書抓重點的能力，自然我就不用一直反覆的閱讀，能一次就讀會。現在我看書真的變快了。果然想要反覆閱讀的心魔去除了，自然就能看更快。

工商業—莊〇維

本來對於速讀這種東西半信半疑，因為有人說好，有人說不好。經過一番的諮詢與查證後，我報名了廣翰思惟的速讀課程。剛開始確實是有點難拋棄自己過去的不良閱讀習慣，所以進步幅度很慢，後來我就照老師說的方式去做，不管我今天練習的結果如何，就是不要被一兩次的失敗打敗，果然閱讀速度與理解力就大幅度的提升了。現在用速讀方法看一本書，更能掌握到書中講的重點是甚麼，也比較有自信了。

買賣業—陳〇宏

我以前不知道原來閱讀要抓關鍵字來讀，透過這裡所教的「如何抓重點」的方法，現在閱讀起來更有邏輯與效果了。閱讀速度也比以前快了兩倍左右，確實是不錯的方法。

電子業—陳〇遠

ESI全腦式速讀訓練，真是簡單好學，生活中易使用。

在課堂上老師教我們如何抓重點的技巧，還教我們怎麼利用報紙與電子郵件來練習抓重點，這些方法簡單易懂，在生活中就能運用，很實用。確實在閱讀上，我的速度加快了，抓重點也更準確了，謝謝老師。

鄭〇馨

我是希望能把這裡學到的速讀方法，用在論文報告上面。在第二天開始結合提升閱讀速度與理解力的練習時，其中老師教導的斜線式的閱讀方式，眼睛是放鬆的，視野擴大，讓我感覺真的可以做到甚麼是影像式閱讀的效果。

徐〇健

在大學畢業之際我接觸到了跟速讀有關的種種，經過網路不斷的收尋與探討，終於發現有關於速讀的書籍《眼腦直映快讀法》；當然，這對我來說是個全新的領域，我從未受過或看過如此特別的學習流程，感謝您大方分享，使我獲益良多。

Viper

我以前曾經學過坊間傳統的速讀技巧，但是還是不滿意效果，加上我本來就愛看書，很多好書都想看，但沒有時間看，所以我來廣翰思惟學習速讀。課程中老師用很簡單的方法，就讓我了解自己的閱讀不良習慣，每個同學進步的幅度都不一樣，看到同學進步2.3倍的速度，著實讓我有點壓力，不過老師有講，每個人的問題都不一樣，我想只要我用這麼簡單的方法持續練習，一定可以達到提升十倍的閱讀速度的。

買賣業——孟軒

在來這裡上課前，我在網路上看到很多批評速讀是騙人的文章，我研究了一下，不外乎是傳統的速讀法一旦不練習了，速讀效果就不見了。或是自己在家練習速讀方法後，沒有辦法達到看清楚書上文字的問題。

而我朋友到廣翰思惟學習全腦圖像速讀後，告訴我速讀必須是依據不同的閱讀文章程度，採取不同的速讀方法，不能用一招半式闖天下的。我聽到之後，就想要好好搞清楚速讀到底是甚麼，可以幫助我到甚麼樣的程度，所以我來上課了。

老師教我們，速讀首先要確定閱讀目的，還要把依據自己的閱讀能力先分類好閱讀題材，不能隨便亂練，沒有依據自己的閱讀障礙情況來選擇練習的題材的話，就會因為速讀練習方法太難，而對速讀訓練失去信心。

我現在每天照老師說的方式去練習，去評估自己何時可以晉級，就像老師說的，只要有一本書，你隨時都能進行速讀訓練，只要用正確的速讀法練習，一旦練成之後，不會因為你不練了，速讀效果就不見。

貿易業—王沁瑜

我小時候曾經上過傳統速讀的課程，但是成效不好。來這裡上課後我才知道，原來速讀訓練最適合在國中生以上的年紀學習，太小學習速讀反而會干擾文字語言的學習。

上完12小時課程，我在每分鐘1268字的速讀下，閱讀理解力提升了20％，跟學前測驗比較下，我還有很大的進步空間。

這裡的老師很特別，不僅教我們怎麼看書看得快，還教我們怎樣在書店的茫茫書海中，挑選一本適合我們的好書，還有一本書應該怎麼速讀才能切實掌握精髓。

文創業——S.L.B.

老師：

我是因為聽朋友的推薦才來上課的，沒想到真的解決了我的閱讀速度太慢的問題，我喜灣看書也喜歡買書，但是以前一本書總是要一個月才看的完，現在的我能解決這個問題，實在是太高興了！

老師，我們保持聯絡，明年我休長假時還是要再來這裡上其他的課⋯

柳玉慧

全腦速讀理解力特訓，教我怎樣訓練自己的眼球有意識的快速移動，我才發現自己的專注力不好，跟著老師的方法回家自己練習後，我在第二堂課時發現這樣的閱讀方法很有趣，專心度也提高了。而且老師同時結合閱讀速度跟閱讀理解力的閱讀方法，幫我真的比較會抓重點了，看過書後也比較能記住。

金融業　陳思瑜

來了廣翰思惟上全腦速讀課之後，我發現自己的學習方法有問題，老師也很專業地指導我們應該如何閱讀，在書店中如何選擇一本適合自己的書，考試前如何有效率的複習，這些方法都需要打破過去所有的閱讀習慣，才能做到真正的一目十行+過目不忘。越快放棄過去的閱讀習慣，就越快達到速讀的目標。

電子業　張金玲

本來想這個月比較忙碌，想下個月再來上ESI的速讀課。我又想到會計的概念，假設我今天不來上你的課，我這個月就不能運用你教的方法，等到下個月才開始上課的話，等於要到下下個月才能運用你的方法，這樣我等於就是落後了別人兩個月的時間。雖然看起來我只是晚一個月上課，其實我已經落後了別人兩個月的時間，所以我決定把我的事情排開，一定要今天來上課。

自營業　耀文

過去我是不太相信速讀的效果的，感覺那就是一種變魔術，是一種噱頭，是不可能做到的事情。雖然我自己的閱讀理解力不太好，但是我就是不想去上速讀課。但是在同事來廣翰思惟上過速讀課後，他跟我分享了很多學習的樂趣，還有閱讀的樂趣，同事的理解力也增加不少，我才決定我要來廣翰思惟上速讀課，給自己一次機會。

我完全沒有想到12小時速讀理解力特訓課後，我居然可以提升3.2倍的閱讀速度，我的理解率提升到75%，我很訝異自己可以做到這種程度。我現在對我自己的閱讀能力信心大增。

陳沛玉

學習的任督二脈就是－理解力與速度。在學習全腦速讀之前，我常覺得自己的理解力很差，自己也找不到方法解決，於是就一天晃過一天。

上全腦速讀課時覺得很輕鬆，我學到了怎樣於自己的日常生活中，透過生活周遭常見的事物來訓練大腦的能力，我沒有想到看馬路上的招牌也能對我的大腦有幫助，真是太有趣了。

全腦速讀跟一般傳統速讀一點都不一樣。傳統的速讀方法只追求知道內容大概是甚麼，而全腦速讀讓我不僅能掌握重點，還能掌握重點之間彼此的邏輯關係。我很開心我來上課，因為我終於可以解決我的理解力不好的問題了。

全腦速讀的方法有很多，我們必須要懂得知道怎樣選擇適合自己現在的方法，上完課後我可以進入全腦速讀的第二階段，我還有第三階段跟第四階段要努力，我想沒有努力練習是沒有辦法做好速讀的。就像人家說的：師父領進門，修行在個人。

工具機業務　張蓉芬

透過全腦速讀，我才發現原來閱讀是一件很靈活的事情，以前在學校的閱讀方式都太死板了，也沒有甚麼閱讀效率可言。全腦速讀還幫我把理解力變好了，我知道怎樣在快速閱讀的狀態下，同步抓重點，讀完一本書後，我也知道怎樣把它整理成好記的資料。

現在時代講求創意，創意人都是擅長閱讀工作的人。學習過全腦速讀後，我成為一個快樂的閱讀人。

機械業　陳錦益

我知道一個人的聰明智慧來自於他讀的書，我喜歡閱讀，但總覺得閱讀的深入度不夠，經由朋友的介紹，我參加全腦速讀課程。

我沒有想到原來喜歡閱讀的自己，一直以來都只有做到老師說的「淺層閱讀」，這裡的老師教我怎樣進行「深入閱讀」。

透過全腦速讀的方式，我一步步的練習，練習是進步的必要過程，其實練習的過程還蠻愉快的，我從練習中發現真的就像老師說的：「做中學，學中做」。

老師用英國的專業方法教我們怎樣突破思考的盲點，我很開心我知道怎麼解決我自己學習上的問題，我的閱讀速度也提升4.6倍，在高速閱讀的狀態下，我的理解率也大幅度提升。

服務業　陳家芳

解答篇

學前測驗 53頁

一 台灣古蹟

1. A中英戰爭
2. A中國人
3. C西班牙人
4. B清康熙22年
5. B安平古堡
6. D英國人
7. D台江
8. A荷蘭人
9. A鄭成功
10. D日本人
11. C法國人
12. B日本人
13. A沈葆禎
14. B明末
15. D英國人
16. D旗後砲臺
17. A廈門
18. D清乾隆43年
19. D日本人
20. C白色圓型燈塔

二 推心置腹

1. C基層員工
2. B錯
3. A主管
4. A對

5. A對　6. C以上皆是　7. A對　8. A對
9. B錯　10. B定期答覆

第七章　5W2H練習　103頁

1 今天我很快樂！

↓今天、我、快樂

在這句話裡面，「今天」很重要，因為我不是昨天、明天、後天很快樂，是在「今天」這個特定的時間點發生的。所以「今天」是一個關鍵詞。

因為不是你、他、爸爸、媽媽、同學，是指特定的某人——「我」很快樂，所以「我」是一個關鍵詞。

「快樂」是我要表達的事情，至於「很快樂」的「很」是形容詞，是用來強調快樂的程度，缺少了「很」這個字，並不會讓「快樂」這件事變成「不快樂」，一般而言形容詞是用來表達文字的優美所使用的，所以形容詞並不適合拿來當關鍵字。

2 媽媽好想聽你唱歌哦！

↓媽媽、想聽、你唱歌

其中的「想聽」是一個完整的動作，不能拆開為「想」、「聽」，這樣就變成可能是指兩個分別的動作。

「你唱歌」是完整的表達出媽媽想聽的東西，不是任何一個人在唱歌媽媽都想聽，而是專指特定人做的行為。所以「你唱歌」是完整的事情。

3 適度地在書本上用彩色筆標記明顯線條、記號，可幫助記憶

↓書本、彩色筆標記、幫助記憶

因為是指在「書本」上做標記，不是在別的地方，因此「書本」是關鍵字。

「彩色筆標記」，指出用某種特定的工具來做這件事，而這件事情是「標記」，而不是其他的動作像是寫字、畫圖等。如果將「彩色筆」、「標記」分開，就有可能是還可以用彩色筆做其他的行為，也可能用其他的工具來做標記這個動作。

4 當熱水瓶快滿的時候，空氣柱變短，所以聲音的音調變高

↓空氣柱短、音調高

「當熱水瓶快滿的時候」這句話，是後面結論的舉例，是用來輔助瞭解結論用，我們要注意的就是最後的結論，所以這整句話並不是主要的傳達的。

5 小販常利用沙子來拌炒栗子，主要是因為沙子的比熱小，溫度容易上升，此外利用栗子混在沙子中受熱也比較均勻

↓沙子拌炒栗子、沙子比熱小、溫度易上升、受熱均勻

本句是在解釋為何要用沙子來拌炒栗子，所以「沙子拌炒栗子」是主要的重點。

另外假設這句子出現在一個主要在解釋比熱的文章中，炒栗子只是其中一個生活中的証明，那麼我們也可以只找出「沙子比熱小」、「溫度易上升」，這兩個關鍵詞就已經完整的將比熱的影響交代清楚了。

關鍵字詞的選擇，必須注意前後文的內容，以抓出最精簡的文字出來幫助我們後續重複閱讀時，快速的複習完成。

第七章　練習題——縮句　107頁

1 培根：「知識就是力量」一直在各地廣泛流傳。

↓培根：「知識就是力量」，廣泛流傳。

2 其實，只要用心去聽，我們仍然能聽到螞蟻說話的聲音。

↓用心聽能聽到螞蟻說話。

3 在我一年年長大的同時，我的感知卻在一天天地衰退。

↓長大的同時，感知卻衰退。

4 青蛙在裡頭下了蛋，小小的黑點散布在膠狀的水晶球裡。

↓青蛙下蛋，小黑點散布在膠狀水晶球裡。

5 魚兒不時跳出水面捕捉在溪流隻間飛舞的麝香蟲。

↓魚兒跳出水面捕捉麝香蟲。

6這半畝大的方塘，好像一面展開的明鏡。

↓方塘好像明鏡。

7一棟棟高樓大廈，逐漸被暮色吞蝕。

↓高樓大廈被暮色吞蝕。

8東風來了，春天的腳步近了。

↓東風來，春天近。

9工作的偉大不在獲得的「價錢」，而是在其「價值」。

↓工作偉大不在價錢，而在價值。

10科技的發明，日新月異，不但開闊人類的眼界，更為生活帶來極大的便利。

↓科技發明開闊人類眼界，帶來生活便利。

第七章　學後測驗　140頁

1. B一種以金錢來衡量的客觀標準
2. C以上皆是
3. A一種滿足感
4. B沒錢的人
5. C固定花時間去學習
6. A對
7. C以上皆是
8. C以上皆是
9. B非有錢人
10. A金錢的運用來滿足
11. B信用、愛、歸屬感來滿足
12. A學習成長的滿足
13. C自我實現、助人的過程得以滿足
14. B披薩
15. B金錢＞時間
16. A怎樣才會有錢
17. A積沙成塔、積少成多
18. C以上皆是
19. A一定同時擁有財富、富裕
20. C要擁有財富的感覺，不一定要透過金錢完成

《超強心智圖活用術》

胡雅茹◎著　定價：280元

130 個應用實例，教你如何利用心智圖來創意發想、記憶與學習！！本書特色--

(1) 簡單清楚的步驟式教學，輕鬆打好基礎，讓你無時無刻都能學習。

(2) 日常生活實例示範，利用心智圖來創意發想、記憶與學習，是創意高手的必備工具。

(3) 在資訊爆炸的時代，幫助你重組龐大的資料，強調步調愈快，大腦則慢。

《心智圖閱讀術》

胡雅茹◎著　定價：250元

26 個實例　教你快速閱讀、理解、吸收、記憶

一讀就通！瞬間閱讀能力大提升

讀的很慢 → 進度追上，並很快學會

看不懂 → 看懂了，覺得好簡單

背不起來 → 牢牢記住重點資訊

注意力不集中 → 快速收心，專注於當下

《曼陀羅思考法》

胡雅茹◎著　定價：250 元

西方有心智圖 東方有曼陀羅思考法

曼陀羅思考法是從佛教密宗「天圓地方」的宇宙概念延伸成為結合「水平思考」、「垂直思考」的多層次九宮格圖像化思考方法。

（水平思考+垂直思考）×多層次九宮格運用

＝兼具 廣度&深度 的 曼陀羅思考法

製作曼陀羅九宮格的過程能刺激大腦的聯想力、邏輯力與創造力，幫助你「加強腦力！提升競爭力！」

全面提升「心理狀態、人格特質、專注力、閱讀力、創造力、記憶力、行動力、溝通力」八種能力。

《心智圖超簡單》

胡雅茹◎著　定價：250元

使不擅長記憶或發想的我們，一下子簡單化的思考技術，也從繁雜的工作、課業中理出一套系統，遠離填鴨式的學習模式。你可以運用於：

創造型心智圖(創意發想、新品開發、活動企劃)

整理型心智圖(分析、歸納)

提示型心智圖(作文大綱、演講提示)

溝通型心智圖(個人履歷、會議簡報)

心智圖加快您大腦思考的速度、提升大腦的思考能力，其實想要快樂學習、快速運用、聰明生活並非難事喔！

《速讀力：3 週學會終生受用的速讀力》

安藤一郎◎著 蕭雲菁◎譯 定價：280 元

1. **為期3週的訓練課程，提高集中力和理解力，受用終生：**藉由每星期不同的訓練課程，看事物的方式會漸漸改變，養成「快速看」和「集中回想」的習慣，同時也能精準理解文章內容。
2. **搭配附錄的訓練教材一起使用，實用性極高，讓人愛上速讀：**跟著作者自製的附錄一起訓練，閱讀報章雜誌眼睛變得輕鬆，視野更寬廣；長篇書籍變得容易閱讀。

《NLP 速讀術》

松島直也◎著 李毓昭◎譯 定價：200 元

應用 NLP 可以重新建構你既有的經驗或程式，把它改變成「我擅長閱讀」或「我愛看書」，再進而產生以下的程式：「我能夠速讀。」／「即使大量閱讀也都能夠記住。」

「總是能夠把看過的書本轉換成績效表現。」

換言之，NLP 技巧能夠把腦內經由潛意識處理過的感覺或語言改變成你所希望的模式。

《驚人的油漆式速讀術 - 全民必備高效率記憶工具書！》

吳燦銘◎著 定價：250元

搭配油漆式速讀法，超右腦初學英語1000字APP軟體

免費下載Android版！

老少咸宜的全腦學習法，著重活化眼力訓練，同時鍛鍊「眼」與「腦」；運用「大量、全腦、多層次迴轉」理論；短時間內達到讀得快、懂得多、記得牢！凡刷過必留下痕跡，利用油漆式速讀術，快速「刷一下！」就記起來，成就你的高效率學習！

《圖解 10 倍速影像閱讀法》

Photo Reading Official Instructors/神田昌典◎著 定價：199 元

簡單易懂的圖解，為您深入說明影像閱讀的學習方式，幫助您突破文字的高牆，學會使用影像閱讀。

全書分為五大步驟：準備、預習、影像閱讀、活化與高速閱讀，只要依照本書步驟練習，全心影像閱讀系統就不再是不切實際的空想。每一步驟都有相關疑難解答，集結學習過程中可能遇到的困難，再一一深入解說，讓您在學習此影像閱讀系統時不再覺得徬徨無助。

國家圖書館出版品預行編目資料

（全新增訂版）眼腦直映快讀法／胡雅茹 著；
—— 初版 . —— 臺中市：晨星，2016.07
面； 公分 .——（Guide Book；357）

ISBN 978-986-443-141-0（平裝）

1. 速讀 2. 讀書法

019.1 105006843

Guide Book 357
（全新增訂版）眼腦直映快讀法

作者	胡 雅 茹
編輯	林 宜 芬
封面設計	李 莉 君
排版	菩 薩 蠻 數 位 文 化 有 限 公 司
創辦人	陳銘民
發行所	晨星出版有限公司 台中市 407 工業區 30 路 1 號 TEL:(04)23595820 FAX:(04)23550581 E-mail:service@morningstar.com.tw http://www.morningstar.com.tw 行政院新聞局局版台業字第 2500 號
法律顧問	陳思成律師
初版	西元 2016 年 07 月 15 日
郵政劃撥	22326758（晨星出版有限公司）
讀者服務專線	（04）23595819#230
印刷	承毅印刷股份有限公司

定價 280 元
ISBN 978-986-443-141-0

Published by Morning Star Publishing Inc.
Printed in Taiwan

◆讀者回函卡◆

以下資料或許太過繁瑣，但卻是我們瞭解您的唯一途徑
誠摯期待能與您在下一本書中相逢，讓我們一起從閱讀中尋找樂趣吧！

姓名：________________　　性別：□男　□女　　生日：　／　／

教育程度：________________

職業：□學生　□教師　□內勤職員　□家庭主婦
□SOHO族　□企業主管　□服務業　□製造業
□醫藥護理　□軍警　□資訊業　□銷售業務
□其他 ________________

E-mail：________________________________　聯絡電話：____________________

聯絡地址：□□□____

購買書名：（全新增訂版）眼腦直映快讀法

・本書中最吸引您的是哪一篇文章或哪一段話呢？____________________________

・誘使您購買此書的原因？

□於 ________ 書店尋找新知時　□看 ________ 報時瞄到　□受海報或文案吸引
□翻閱 ________ 雜誌時　□親朋好友拍胸脯保證　□ ________ 電台DJ熱情推薦
□其他編輯萬萬想不到的過程：____

・對於本書的評分？（請填代號：1. 很滿意 2. OK啦！ 3. 尚可 4. 需改進）

封面設計 __________ 版面編排 __________ 內容 __________ 文／譯筆 __________

・美好的事物、聲音或影像都很吸引人，但究竟是怎樣的書最能吸引您呢？

□價格殺紅眼的書　□內容符合需求　□贈品大碗又滿意　□我誓死效忠此作者
□晨星出版，必屬佳作！　□千里相逢，即是有緣　□其他原因，請務必告訴我們！

____

・您與眾不同的閱讀品味，也請務必與我們分享：

□哲學　□心理學　□宗教　□自然生態　□流行趨勢　□醫療保健
□財經企管　□史地　□傳記　□文學　□散文　□原住民
□小說　□親子叢書　□休閒旅遊　□其他 ____________________________

以上問題想必耗去您不少心力，為免這份心血白費
請務必將此回函郵寄回本社，或傳真至（04）2359-7123，感謝！
若行有餘力，也請不吝賜教，好讓我們可以出版更多更好的書！

・其他意見：

晨星出版有限公司 編輯群，感謝您！

請填妥後對折裝訂，直接投郵即可，免貼郵票。

廣告回函
台灣中區郵政管理局
登記證第267號
免貼郵票

407
台中市工業區30路1號
晨星出版有限公司

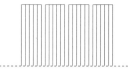

請沿虛線摺下裝訂，謝謝！

更方便的購書方式

(1) **網　　站**：http://www.morningstar.com.tw
(2) **郵政劃撥**　賬號：22326758
戶名：晨星出版有限公司
請於通信欄中文明欲購買之書名及數量
(3) **電話訂購**：如為大量團購可直接撥客服專線洽詢

◎ 如需詳細書目上網查詢或來電索取。
◎ 客服專線：04-23595819#230　傳真：04-23597123
◎ 客戶信箱：service@morningstar.com.tw